I0566909

BESTACTIVITYBOOKS.COM

PREMIERE ÉDITION

Dépôt légal, 2022

Illustration Graphique Extra: www.freepik.com
Merci à Alekksall, Starline, Pch.vector, Rawpixel.com, Vectorpocket, Dgim-studio, Upklyak, Macrovector, Stockgiu, Pikisuperstar & Freepik.com Designers

5 ASTUCES POUR DÉMARRER !

1) COMMENT RÉSOUDRE LES MOTS MÊLÉS

Les puzzles sont dans un format classique :

- Les mots sont cachés sans espaces, tirets, ...
- Orientation : Les mots peuvent être écrits en avant, en arrière, vers le haut, vers le bas ou en diagonale (ils peuvent être inversés).
- Les mots peuvent se chevaucher ou se croiser.

2) UN APPRENTISSAGE ACTIF

Un espace est prévu à côté de chaque mots pour noter la traduction. Pour favoriser un apprentissage actif un **DICTIONNAIRE** à la fin de cette édition vous permettra de vérifier et étendre vos connaissances. Cherchez et notez les traductions, trouvez-les dans le Puzzle et ajoutez-les à votre vocabulaire !

3) MARQUEZ LES MOTS

Vous pouvez inventer votre propre système de marquage. Peut-être en utilisez-vous déjà un ? Sinon, vous pourriez, par exemple, marquer les mots qui ont été difficiles à trouver d'une croix, ceux que vous avez aimés d'une étoile, les mots nouveaux d'un triangle, les mots rares d'un diamant, etc...

4) STRUCTUREZ VOTRE APPRENTISSAGE

Cette édition vous offre un **CARNET DE NOTES** très pratique à la fin du livre. En vacances ou en voyage ou à la maison, vous pouvez facilement organiser vos nouvelles connaissances sans avoir besoin d'un second bloc-notes !

5) VOUS AVEZ FINI TOUTES LES GRILLES ?

Allez à la section bonus **CHALLENGE FINAL** pour trouver un jeu gratuit à la fin de cette édition !

Simple et Rapide ! Découvrez notre collection de livres d'activités pour votre prochain moment de détente et **d'apprentissage**, à juste un clic de distance !

Trouvez votre prochain défi sur :

BestActivityBooks.com/MonProchainLivre

À vos marques, prêts... Partez !

Saviez-vous qu'il existe environ 7 000 langues différentes dans le monde ? Les mots sont précieux.

Nous aimons les langues et avons travaillé dur pour créer les livres de la plus haute qualité pour vous. Nos ingrédients ?

Une sélection des thématiques d'apprentissage adaptée, trois belles parts de divertissement, puis nous ajoutons une cuillère de mots difficiles et une pincée de mots rares. Nous les servons avec soin et un maximum de plaisir pour vous permettre de résoudre les meilleurs jeux de mots mêlés qui soient et d'apprendre en vous amusant !

Votre avis est essentiel. Vous pouvez participer activement au succès de ce livre en nous laissant un commentaire. Nous aimerions vraiment savoir ce que vous avez préféré dans cette édition !

Voici un lien rapide qui vous mènera à la page d'évaluation de vos commandes :

BestBooksActivity.com/Avis50

Merci pour votre aide et amusez-vous bien !

De la part de toute l'équipe

1 - Adjectifs #2

P	R	O	D	U	K	T	I	V	N	T	K	W	N	B	W
A	V	P	D	X	B	B	O	I	A	Y	R	R	Ø	T	K
U	N	I	K	M	E	E	D	T	T	N	A	G	E	L	E
T	P	J	L	P	R	G	R	A	U	Y	F	I	V	T	I
E	S	D	I	L	Ø	A	A	E	R	J	T	L	A	S	S
N	P	C	P	T	M	V	M	R	L	U	I	R	Q	K	B
T	P	G	N	N	T	E	A	K	I	Z	G	A	C	A	U
I	K	Q	U	A	N	T	T	S	G	S	N	V	H	A	I
S	N	R	O	S	I	U	I	T	Z	R	K	S	U	T	A
K	Z	E	K	S	G	L	S	O	F	B	Q	N	K	U	Z
B	N	K	U	E	S	U	K	L	P	N	A	A	V	B	U
E	Q	X	A	R	O	R	T	T	E	M	L	C	Z	P	J
O	L	E	V	E	Q	E	H	R	M	V	B	T	L	G	N
B	U	G	T	T	Y	N	C	H	Y	S	U	S	W	J	Y
H	P	R	G	N	B	E	S	K	R	I	V	E	N	D	E
U	W	Q	T	I	T	E	V	B	C	R	K	V	Y	N	P

AUTENTISK
BERØMT
KREATIV
BESKRIVENDE
BEGAVET
DRAMATISK
ELEGANT
STOLT
STERK
INTERESSANT
NATURLIG
NY
PRODUKTIV
KRAFTIG
REN
ANSVARLIG
SUNN
SALT
VILL
TØRR

2 - Formes

M	H	C	K	D	A	T	B	W	M	B	S	T	D	Y	P
Q	Y	S	J	A	C	O	I	T	Y	U	A	R	F	E	J
S	P	S	E	Z	E	R	D	D	E	E	V	R	U	K	W
I	E	Y	G	T	I	G	A	E	I	D	F	N	Q	V	Q
R	R	L	L	J	D	E	W	O	X	I	W	D	U	E	S
K	B	I	E	Y	Z	T	K	H	E	S	P	I	L	L	E
E	O	N	L	I	N	J	E	U	J	A	L	S	A	R	R
L	L	D	B	A	O	T	H	R	B	Ø	U	P	V	E	Æ
T	A	E	P	R	I	S	M	E	R	E	R	B	O	K	F
P	B	R	G	R	Q	C	Z	Z	T	C	E	N	Z	T	S
L	D	X	Z	O	U	P	B	V	N	V	T	O	E	A	I
G	L	R	F	L	U	O	R	A	A	E	N	G	X	N	C
C	B	Q	P	J	B	S	A	K	K	G	A	Y	L	G	K
D	Y	P	Y	R	A	M	I	D	E	V	K	L	U	E	B
R	B	X	M	D	X	A	W	Q	R	E	D	O	E	L	D
E	U	U	C	L	C	Q	G	D	T	W	L	P	I	K	A

BUE
KANTER
TORGET
SIRKEL
HJØRNE
KURVE
KJEGLE
SIDE
KUBE
SYLINDER

ELLIPSE
HYPERBOLA
LINJE
OVAL
POLYGON
PRISME
PYRAMIDE
REKTANGEL
SFÆRE
TREKANT

3 - Force et Gravité

P	U	L	U	F	Q	A	B	U	N	H	G	X	G	S	V
L	I	X	K	Y	P	N	G	N	O	J	S	K	I	R	F
A	X	M	M	S	U	K	S	I	M	A	N	Y	D	E	A
N	D	D	O	I	Z	M	Y	V	P	O	S	H	A	G	U
E	M	M	L	K	E	S	L	E	D	I	V	T	U	E	J
T	N	E	M	K	I	V	T	R	E	S	K	A	H	N	I
E	G	P	K	A	G	Y	Z	S	S	E	R	P	A	S	N
R	L	K	O	A	G	H	N	E	W	K	H	Q	S	K	N
U	N	H	Z	R	N	N	V	L	F	S	O	A	T	A	V
O	T	V	J	B	S	I	E	L	K	U	I	V	I	P	I
N	B	T	B	U	M	C	K	T	K	E	V	T	G	E	R
Q	P	S	G	S	Q	S	M	K	I	M	G	O	H	R	K
O	P	P	D	A	G	E	L	S	E	S	B	W	E	D	N
Y	F	N	S	E	N	T	R	U	M	T	M	A	T	I	I
B	E	V	E	G	E	L	S	E	Y	I	H	E	N	M	N
A	V	S	T	A	N	D	K	X	P	D	C	Z	M	E	G

AKSER
SENTRUM
OPPDAGELSE
AVSTAND
DYNAMISK
UTVIDELSE
FRIKSJON
INNVIRKNING
MAGNETISME
MEKANIKK
BEVEGELSE
BANE
FYSIKK
PLANETER
VEKT
PRESS
EGENSKAPER
TID
UNIVERSELL
HASTIGHET

4 - Adjectifs #1

V	G	S	J	E	N	E	R	Ø	S	C	J	E	D	L	A
U	I	P	D	X	U	L	C	A	F	B	S	V	K	J	P
S	L	K	R	S	P	V	I	T	K	A	P	W	Z	R	D
K	R	I	T	Ø	G	M	A	S	C	E	K	T	L	H	E
Y	Æ	D	O	I	W	O	L	K	W	U	F	F	Y	A	E
L	M	E	Y	S	G	D	E	G	K	S	T	W	O	N	G
D	K	N	I	I	N	E	N	A	X	E	H	C	F	A	N
I	V	T	D	B	U	R	O	X	K	Z	R	L	S	T	S
G	L	I	S	M	T	N	R	N	S	Z	S	S	K	T	K
N	U	S	Q	A	P	E	M	T	I	B	T	K	W	R	L
U	M	K	A	B	S	O	L	U	T	T	S	S	Y	A	A
A	R	O	M	A	T	I	S	K	O	W	H	R	P	K	N
K	U	N	S	T	N	E	R	I	S	K	E	U	A	T	G
P	E	R	F	E	K	T	J	E	K	B	L	N	B	I	S
O	V	Q	V	I	G	I	N	A	E	N	V	S	N	V	O
F	H	I	S	L	N	T	U	F	I	T	A	U	Y	S	M

ABSOLUTT
AKTIV
AMBISIØS
AROMATISK
KUNSTNERISK
ATTRAKTIV
VAKKER
EKSOTISK
ENORM
SJENERØS
ÆRLIG
IDENTISK
VIKTIG
USKYLDIG
UNG
LANGSOM
TUNG
TYNN
MODERNE
PERFEKT

5 - Instruments de Musique

G	T	P	S	T	R	O	M	P	E	T	D	R	S	X	X
I	A	E	R	H	M	T	R	O	M	M	E	R	U	L	C
T	M	R	N	M	M	U	F	S	C	E	L	L	O	S	B
A	B	K	H	D	A	O	N	L	A	O	P	F	G	W	X
R	U	U	C	P	R	S	X	N	Ø	K	H	A	R	P	E
H	R	S	S	I	I	F	Q	M	S	Y	S	R	N	E	H
T	I	J	D	M	M	I	Z	P	W	P	T	O	Z	C	I
G	N	O	G	O	B	O	J	N	A	B	I	E	F	A	K
B	W	N	K	D	A	L	N	E	W	I	H	L	L	O	L
F	X	F	W	V	N	I	L	O	D	N	A	M	L	H	N
F	A	G	O	T	T	N	T	R	O	M	B	O	N	E	G
K	L	A	R	I	N	E	T	T	P	K	Y	E	R	A	G
V	R	N	C	R	K	L	T	P	I	D	E	H	H	L	H
T	R	C	O	Q	H	Z	G	N	A	N	J	R	Q	T	V
Q	E	W	B	P	Z	Y	O	O	N	R	W	D	C	N	N
H	O	Q	X	Z	G	W	U	I	O	Z	C	K	W	X	L

BANJO
FAGOTT
KLARINETT
FLØYTE
GONG
GITAR
MUNNSPILL
HARPE
OBO
MANDOLIN
MARIMBA
PERKUSJON
PIANO
SAKSOFON
TROMME
TAMBURIN
TROMBONE
TROMPET
FIOLIN
CELLO

6 - Herboristerie

A	R	M	G	S	X	Q	A	S	H	K	B	M	H	I	K
R	O	E	A	R	Q	K	R	A	A	V	A	J	H	N	I
O	S	C	S	R	Ø	Y	C	F	G	A	S	E	A	G	O
M	M	K	Y	T	J	N	S	R	E	L	I	N	O	R	R
A	A	L	N	S	R	O	N	A	Q	I	L	B	J	E	V
T	R	K	P	M	E	A	R	N	W	T	I	A	B	D	G
I	I	K	F	O	L	C	G	A	A	E	K	P	X	I	U
S	N	A	P	L	L	E	G	O	M	T	U	H	D	E	N
K	A	O	T	B	I	D	X	V	N	W	M	I	A	N	S
D	I	I	F	K	S	I	R	A	N	I	L	U	K	S	T
B	M	T	E	Ø	R	M	Y	N	T	E	E	M	C	U	I
V	I	V	E	L	E	D	N	E	V	A	L	I	E	F	G
J	T	B	O	T	P	X	S	K	D	K	V	Y	V	S	C
F	E	N	N	I	K	E	L	M	Q	N	Q	A	I	Z	A
S	M	A	K	V	F	X	I	B	O	K	R	E	M	M	S
Q	Z	T	D	H	C	E	R	H	F	S	H	C	A	B	A

HVITLØK
AROMATISK
BASILIKUM
GUNSTIG
KULINARISK
ESTRAGON
FENNIKEL
BLOMST
INGREDIENS
HAGE
LAVENDEL
MARJORAM
MYNTE
PERSILLE
KVALITET
ROSMARIN
SAFRAN
SMAK
TIMIAN
GRØNN

7 - Véhicules

D	R	N	Q	E	R	G	Q	R	C	A	N	N	F	U	T
B	Z	N	Y	S	H	M	E	O	H	M	D	D	L	N	O
D	D	E	K	K	T	D	B	C	E	B	N	X	J	D	G
A	B	T	Y	Q	T	Å	O	A	L	U	E	E	I	E	J
Z	B	Å	B	P	E	K	B	M	I	L	I	B	D	R	Y
L	A	L	E	K	K	Y	S	P	K	A	W	J	A	V	Q
I	R	F	B	G	A	J	X	I	O	N	Y	E	O	A	Z
B	U	D	D	R	R	P	B	N	P	S	U	Y	E	N	I
E	L	G	O	N	E	S	K	G	T	E	V	H	I	N	B
T	H	O	S	Q	T	X	R	V	E	F	W	G	K	S	J
S	A	G	A	R	O	Y	O	O	R	E	I	V	X	B	O
A	B	X	Y	T	O	E	T	G	T	F	L	Y	U	Å	L
L	U	G	I	R	C	U	O	N	P	K	Q	U	U	T	P
K	S	A	H	A	S	W	M	L	S	U	A	O	P	U	R
U	S	F	W	Q	V	G	X	M	U	P	F	R	C	Z	Z
H	H	Q	B	S	M	A	K	F	E	R	J	E	T	Z	G

AMBULANSE
FLY
BÅT
BUSS
LASTEBIL
CAMPINGVOGN
FERJE
RAKETT
HELIKOPTER
MOTOR
DEKK
FLÅTE
SCOOTER
UNDERVANNSBÅT
TAXI
TRAKTOR
TOG
SYKKEL
BIL

8 - Camping

P	T	W	U	E	T	T	Y	H	E	H	A	K	X	H	B
Z	J	W	T	R	V	J	S	N	L	N	V	A	L	E	W
R	W	H	S	L	L	E	J	F	B	C	L	R	Q	N	Z
D	Y	R	T	Ø	J	S	N	N	I	P	U	T	F	G	I
Y	I	O	Y	P	F	K	N	T	K	E	S	N	I	E	R
Y	S	R	R	F	T	M	A	T	Y	K	A	N	O	K	T
F	N	Y	U	H	R	Å	R	A	W	R	S	N	O	Ø	Q
C	P	L	T	P	Z	N	B	H	Q	V	Z	K	N	Y	V
E	Y	F	A	L	Y	E	A	A	M	K	O	J	O	E	G
W	G	N	N	S	L	C	A	H	Q	O	J	E	R	G	W
Q	G	B	M	T	J	A	K	T	T	M	F	L	L	K	G
Q	C	A	O	T	A	R	R	L	R	P	B	L	X	R	M
Z	C	U	P	F	A	V	R	E	Æ	A	D	G	A	G	L
U	R	P	U	V	I	U	I	T	R	S	J	Z	A	H	M
L	D	W	K	R	T	S	D	D	F	S	R	R	D	J	W
H	V	S	A	Q	Q	N	W	S	T	O	D	D	U	B	N

DYR
TRÆR
EVENTYR
KOMPASS
HYTTE
KANO
KART
HATT
JAKT
TAU
UTSTYR
BRANN
SKOG
HENGEKØYE
INSEKT
INNSJØ
MÅNE
FJELL
NATUR
TELT

9 - Écologie

U	W	F	L	H	R	C	Y	E	J	S	T	M	C	T	O
G	U	R	U	T	A	N	Q	T	X	R	M	Y	Y	X	V
V	T	Q	P	R	B	B	A	F	J	O	V	R	J	U	E
N	F	H	J	A	Æ	C	I	T	M	A	R	I	N	E	R
W	V	D	Z	D	R	C	Q	T	U	N	N	K	D	O	L
W	A	X	W	I	E	K	W	Y	A	R	J	D	L	U	E
F	I	B	K	H	K	F	U	N	X	T	L	D	O	X	V
S	L	R	E	S	R	U	S	S	E	R	L	I	F	Z	E
A	A	O	K	L	A	P	L	A	N	T	E	R	G	I	L
M	B	U	R	X	F	K	L	I	M	A	J	N	N	F	S
F	O	P	Ø	A	T	B	P	O	D	M	F	X	A	A	E
U	L	Y	T	B	I	M	J	L	M	F	B	W	M	U	O
N	G	C	A	E	G	I	L	L	I	V	I	R	F	N	Q
N	O	J	S	A	T	E	G	E	V	X	A	B	T	A	A
H	S	J	A	G	J	C	E	O	B	V	H	J	C	Q	J
C	Y	M	W	O	F	X	C	W	Z	Q	O	A	H	M	A

FRIVILLIGE
KLIMA
SAMFUNN
MANGFOLD
BÆREKRAFTIG
ART
FAUNA
FLORA
GLOBAL
HABITAT

MYR
MARINE
FJELL
NATUR
NATURLIG
PLANTER
RESSURSER
TØRKE
OVERLEVELSE
VEGETASJON

10 - Géométrie

S	S	F	W	I	G	Q	P	I	D	G	P	D	Q	M	Z
E	I	Y	R	X	Z	K	M	P	I	N	A	I	D	E	M
G	P	J	M	L	T	W	G	N	M	I	R	S	G	H	X
M	R	L	S	M	B	N	S	D	E	N	A	T	K	V	L
E	Q	W	Q	L	E	R	S	F	N	G	L	E	D	N	A
N	J	K	Y	Y	K	T	J	T	S	I	L	U	D	D	B
T	K	K	I	G	O	L	R	A	J	L	E	S	I	U	E
E	K	M	U	T	X	L	F	I	O	M	L	I	A	R	R
T	F	B	G	R	E	H	K	P	N	A	L	R	M	G	E
W	L	E	I	O	V	O	Z	L	C	S	E	K	E	N	G
Z	A	T	N	A	K	E	R	T	Y	S	K	E	T	W	N
F	T	H	Ø	Y	D	E	G	I	T	E	N	L	E	F	I
S	E	N	U	M	M	E	R	U	S	L	I	K	R	D	N
N	W	X	O	E	N	G	W	K	K	S	V	H	B	Q	G
L	X	V	E	R	T	I	K	A	L	K	V	T	C	L	J
C	P	P	E	D	Y	T	L	X	R	C	Q	L	E	C	A

VINKEL
BEREGNING
SIRKEL
KURVE
DIAMETER
DIMENSJON
LIGNING
HØYDE
LOGIKK
MASSE
MEDIAN
NUMMER
PARALLELL
ANDEL
SEGMENTET
FLATE
SYMMETRI
TEORI
TREKANT
VERTIKAL

11 - Les Médias

O	S	Q	D	F	W	V	G	D	W	A	H	L	T	B	K
I	N	W	G	N	I	N	E	M	Q	V	L	O	E	I	O
T	N	L	A	C	O	N	V	I	E	I	L	K	L	L	M
T	F	D	I	A	T	K	A	F	A	S	E	A	F	D	M
L	J	I	U	N	A	T	G	N	D	E	U	L	S	E	E
B	R	V	C	S	E	V	T	V	S	R	T	E	R	R	R
O	L	I	C	Z	T	T	U	X	H	I	K	I	E	V	S
T	A	D	C	K	T	R	L	F	T	M	E	Z	G	L	I
T	W	N	T	L	A	T	I	G	I	D	L	R	N	Y	E
Z	P	I	N	E	T	T	V	E	R	K	L	N	I	N	L
U	T	D	A	N	N	I	N	G	W	G	E	Y	N	N	L
O	F	F	E	N	T	L	I	G	B	U	T	O	D	A	G
G	N	W	J	K	M	V	W	G	X	S	N	G	L	O	X
X	Z	S	I	P	D	T	O	J	P	F	I	O	O	S	D
K	O	M	M	U	N	I	K	A	S	J	O	N	H	O	N
R	M	D	K	O	C	F	R	A	D	I	O	P	C	L	H

HOLDNINGER
KOMMERSIELL
KOMMUNIKASJON
ONLINE
UTGAVE
UTDANNING
FAKTA
FINANSIERING
INDIVID
INDUSTRI
INTELLEKTUELL
AVISER
LOKAL
DIGITALT
MENING
BILDER
OFFENTLIG
RADIO
NETTVERK
TV

12 - Philanthropie

B	K	N	W	Æ	F	U	L	O	E	R	P	H	M	X	J
B	A	R	N	R	C	P	Y	F	C	C	R	Y	I	C	H
F	F	D	O	L	P	S	N	F	W	F	O	G	D	V	S
I	X	U	J	I	Å	A	R	E	T	Q	G	K	L	O	F
N	L	Z	S	G	L	M	E	N	E	R	R	A	E	B	G
A	O	J	I	H	N	F	G	T	H	T	A	G	R	T	A
N	R	P	M	E	I	U	N	L	E	H	M	R	E	R	V
S	I	G	Z	T	Q	N	I	I	K	M	M	U	T	E	M
K	D	K	I	V	U	N	R	G	S	W	E	P	K	N	I
T	E	H	G	I	D	E	D	L	E	V	R	P	A	G	L
A	W	P	H	B	D	T	R	O	N	K	V	E	T	E	D
M	O	G	E	S	T	H	O	T	N	D	K	R	N	A	H
G	L	O	B	A	L	E	F	D	E	H	A	E	O	B	E
L	O	P	S	Y	R	O	T	A	M	B	U	R	K	X	T
R	X	F	T	M	Y	B	U	U	N	G	D	O	M	S	B
U	Z	K	W	L	T	U	H	I	S	T	O	R	I	E	J

TRENGE
MÅL
VELDEDIGHET
SAMFUNNET
KONTAKTER
UTFORDRINGER
BARN
FINANS
MIDLER
FOLK
GAVMILDHET
GLOBAL
GRUPPER
HISTORIE
ÆRLIGHET
MENNESKEHET
UNGDOM
MISJON
PROGRAMMER
OFFENTLIG

13 - Diplomatie

N	Y	R	S	V	Q	S	K	E	J	S	A	R	H	A	S
W	L	Å	A	T	E	R	S	X	V	A	Y	E	U	M	I
N	Z	D	M	B	X	D	I	H	X	M	P	T	M	B	K
B	W	G	A	R	Q	E	T	T	A	F	W	T	A	A	K
G	S	I	R	W	Z	M	A	A	S	U	Z	F	N	S	E
F	L	V	B	D	U	M	M	T	K	N	P	E	I	S	R
K	N	E	E	W	D	E	O	K	V	N	B	R	T	A	H
K	O	R	I	K	F	R	L	A	D	E	O	D	Æ	D	E
I	J	N	D	X	L	F	P	R	X	T	R	I	R	Ø	T
T	S	A	F	G	N	K	I	T	U	T	G	G	D	R	W
I	U	B	Q	L	G	B	D	V	J	L	E	H	R	L	E
L	K	I	X	W	I	F	E	Q	V	P	R	E	Z	Z	T
O	S	O	M	T	R	K	S	C	I	W	E	T	A	E	I
P	I	Z	E	R	T	E	T	I	R	G	E	T	N	I	K
G	D	F	W	A	M	B	A	S	S	A	D	E	L	P	K
R	E	G	J	E	R	I	N	G	N	I	N	S	Ø	L	B

AMBASSADE
AMBASSADØR
BORGERE
SAMFUNNET
KONFLIKT
RÅDGIVER
SAMARBEID
DIPLOMATISK
DISKUSJON
ETIKK
FREMMED
REGJERING
HUMANITÆR
INTEGRITET
RETTFERDIGHET
POLITIKK
VEDTAK
SIKKERHET
LØSNING
TRAKTAT

14 - Électricité

T	K	K	F	F	B	N	I	S	F	F	R	G	J	N	A
R	E	U	Q	L	S	T	I	K	K	O	N	T	A	K	T
L	E	D	N	I	N	G	E	R	W	F	N	P	L	K	N
T	T	O	S	Q	J	W	P	R	X	D	S	O	A	A	E
W	E	H	J	L	K	A	M	O	K	F	Y	S	G	B	T
I	D	L	U	E	L	Y	A	T	B	R	O	I	R	E	T
Q	G	A	E	R	O	B	L	A	S	E	R	T	I	L	V
R	N	E	T	F	R	B	H	R	X	K	Y	I	N	T	E
E	E	H	N	S	O	O	K	E	Q	I	T	V	G	R	R
T	M	P	M	F	N	N	N	N	V	R	S	T	B	M	K
K	J	Y	Q	A	V	H	X	E	X	T	T	V	X	W	H
E	J	Q	U	N	G	P	Z	G	F	K	U	P	I	W	T
J	H	F	K	I	U	N	G	P	T	E	H	B	Æ	C	A
B	A	T	T	E	R	I	E	G	G	L	M	F	D	R	A
O	A	E	P	K	S	I	R	T	K	E	L	E	R	F	E
E	M	A	B	W	M	N	E	G	A	T	I	V	R	J	K

MAGNET
PÆRE
BATTERI
KABEL
ELEKTRIKER
ELEKTRISK
UTSTYR
LEDNINGER
GENERATOR
LAMPE
LASER
NEGATIV
OBJEKTER
POSITIV
STIKKONTAKT
MENGDE
NETTVERK
LAGRING
TELEFON
TV

15 - Astronomie

U	S	K	R	W	D	I	Y	A	U	S	W	S	A	K	X
M	E	M	O	J	O	R	D	H	N	N	S	T	S	O	P
H	D	S	E	S	H	A	G	J	F	B	B	J	T	N	U
M	I	O	T	D	M	L	Z	B	M	H	J	E	R	S	W
M	O	M	E	C	T	O	X	C	U	N	M	R	O	T	A
T	R	B	M	D	O	S	S	D	S	P	H	N	N	E	O
Q	E	S	L	E	K	R	Ø	M	R	O	F	E	O	L	Q
W	T	W	P	A	L	Y	G	S	P	E	T	T	M	L	L
M	S	S	R	E	V	I	N	U	F	J	T	Å	S	A	D
D	A	T	T	H	X	O	N	I	U	Q	E	K	T	S	R
P	L	A	N	E	T	M	N	U	A	H	K	E	R	J	G
S	S	A	C	N	S	E	Z	R	F	E	A	S	Å	O	A
L	X	W	P	Å	Z	M	H	B	E	R	R	V	L	N	L
L	U	H	Q	M	W	E	G	H	Q	P	K	R	I	T	A
O	B	S	E	R	V	A	T	O	R	I	U	M	N	Y	X
A	S	T	R	O	N	A	U	T	H	G	U	S	G	J	Y

ASTEROIDE
ASTRONAUT
ASTRONOM
HIMMEL
KONSTELLASJON
KOSMOS
FORMØRKELSE
EQUINOX
RAKETT
GALAXY
MÅNE
METEOR
STJERNETÅKE
OBSERVATORIUM
PLANET
STRÅLING
SOLAR
SUPERNOVA
JORD
UNIVERS

16 - Physique

N	M	P	A	R	T	I	K	K	E	L	E	L	H	L	K
O	A	M	M	E	L	E	K	T	R	O	N	I	T	O	J
J	G	E	T	E	H	G	I	T	S	A	H	Y	W	X	C
S	N	K	L	Y	K	E	L	O	M	W	B	B	C	N	Z
A	E	A	P	S	N	E	V	K	E	R	F	N	Y	J	E
R	T	N	K	G	V	G	S	B	K	U	S	S	N	J	Y
E	I	I	Z	Z	A	L	D	T	I	E	E	A	D	W	Q
L	S	K	D	Z	W	L	K	E	E	I	D	X	B	Q	E
E	M	K	S	I	M	E	J	K	K	T	Y	G	A	S	S
S	E	O	R	A	F	S	X	W	S	R	T	A	U	K	L
K	G	P	X	V	O	R	A	Q	U	Æ	A	H	P	N	E
A	A	Y	T	I	R	E	T	J	C	E	E	F	E	E	D
Q	E	O	S	F	M	V	O	X	C	L	B	Q	T	T	I
H	Z	T	S	H	E	I	M	X	I	K	I	B	V	M	V
M	O	T	O	R	L	N	H	S	D	U	L	U	I	P	T
M	A	S	S	E	Y	U	I	K	S	N	U	K	H	E	U

AKSELERASJON
ATOM
KAOS
KJEMISK
TETTHET
UTVIDELSE
ELEKTRON
FORMEL
FREKVENS
GASS
TYNGDEKRAFT
MAGNETISME
MASSE
MEKANIKK
MOLEKYL
MOTOR
NUKLEÆR
PARTIKKEL
UNIVERSELL
HASTIGHET

17 - Types de Cheveux

N	S	M	Y	D	L	K	K	V	T	E	T	T	E	L	F
B	Y	S	I	X	G	N	F	C	I	A	F	H	A	S	V
C	I	Z	K	K	Y	T	R	A	V	S	R	S	Ø	L	V
I	O	T	Y	I	C	S	Å	C	H	X	T	R	O	K	A
B	F	A	M	I	N	U	R	B	B	G	N	Ø	H	A	Y
K	L	Q	R	U	N	N	G	N	A	L	K	C	R	A	V
G	R	T	Y	G	U	A	E	F	A	R	G	E	T	R	B
S	V	Ø	X	P	S	T	R	N	C	X	W	N	E	O	W
C	X	X	L	T	L	T	I	R	D	D	K	A	L	G	B
Y	C	G	Y	L	Y	E	M	F	P	E	S	D	L	H	K
N	S	F	O	Q	E	K	R	Ø	L	L	E	R	A	K	K
K	A	T	C	P	E	T	E	G	L	Ø	B	R	K	O	C
F	V	D	V	H	L	C	E	Q	K	V	I	G	S	G	X
P	G	F	S	O	F	Y	J	V	Z	N	L	Y	I	I	D
N	D	A	W	V	K	B	L	O	N	D	N	A	R	I	N
U	B	O	X	L	B	T	J	Q	O	X	T	Y	N	N	A

SØLV
HVIT
BLOND
KRØLLER
SKINNENDE
SKALLET
FARGET
KORT
MYK
TYKK

KRØLLET
GRÅ
LANG
BRUN
TYNN
SVART
BØLGETE
SUNN
TØRR
FLETTET

18 - Archéologie

O	L	E	X	L	H	Y	I	Y	Q	E	L	P	Æ	S	S
T	B	Y	Q	N	I	Q	S	J	B	K	C	R	R	I	E
N	E	J	V	G	L	E	M	T	M	S	V	O	A	V	T
E	M	A	E	V	M	W	X	Y	U	P	H	F	N	I	T
J	Y	R	M	K	K	I	M	A	R	E	K	E	Q	L	E
K	S	E	E	U	T	Q	K	L	U	R	Y	S	K	I	R
U	T	L	M	O	L	E	P	M	E	T	H	S	A	S	K
A	E	I	I	X	N	G	R	E	K	S	R	O	F	A	O
W	R	K	F	A	A	N	A	L	Y	S	E	R	S	S	M
S	I	V	O	F	N	I	E	B	T	E	N	K	O	J	M
P	U	I	S	D	Z	R	M	K	K	G	C	O	F	O	E
I	M	E	S	D	T	E	E	Y	K	W	L	W	R	N	R
J	I	I	I	V	K	D	D	Y	U	I	Z	J	C	I	S
D	W	X	L	G	P	R	T	W	B	T	T	J	P	D	J
Q	Q	J	T	O	F	U	Z	I	U	S	X	N	S	I	R
G	H	P	H	R	R	V	A	R	G	H	S	W	A	I	M

ANALYSE
ANTIKKEN
FORSKER
SIVILISASJON
ETTERKOMMER
EKSPERT
ÆRA
TEAM
VURDERING
FOSSILT

UKJENT
MYSTERIUM
OBJEKTER
BEIN
GLEMT
KERAMIKK
PROFESSOR
RELIKVIE
TEMPEL
GRAV

19 - Mammifères

U	C	E	L	D	N	U	H	W	C	H	Q	T	G	J	L
N	N	W	U	P	E	Q	A	S	S	E	J	T	G	V	I
A	J	M	Z	B	S	L	K	K	N	S	G	E	N	U	I
T	T	A	K	C	K	P	F	X	V	T	O	L	M	R	D
I	Z	X	B	Y	O	R	F	I	K	P	R	E	S	E	L
G	K	A	N	I	N	Æ	A	G	N	T	I	F	R	F	B
E	Y	A	U	H	W	R	R	R	R	S	L	A	I	O	O
R	H	V	A	L	S	I	I	W	Ø	W	L	N	C	F	K
W	Q	L	S	C	T	E	J	M	J	I	A	T	D	D	M
Z	H	U	U	O	K	U	S	L	B	W	Z	U	T	P	E
A	L	Ø	V	E	G	L	K	E	N	G	U	R	U	V	Q
Q	P	N	E	V	T	V	Y	K	K	W	I	B	S	Y	N
M	D	E	P	R	D	V	A	W	Y	R	B	T	F	K	E
V	C	Y	S	B	E	G	E	Z	X	N	G	H	Q	G	J
S	G	T	I	F	H	V	S	A	O	E	V	Q	K	Z	S
T	H	J	Q	X	O	P	T	Q	R	S	E	B	R	A	I

HVAL
KATT
HEST
HUND
PRÆRIEULV
DELFIN
ELEFANT
SJIRAFF
GORILLA
KENGURU
KANIN
LØVE
ULV
SAU
BJØRN
REV
APE
OKSE
TIGER
SEBRA

20 - Mathématiques

R	B	S	U	M	K	K	K	I	T	E	M	T	I	R	A
D	E	R	B	E	D	S	T	E	R	K	M	O	V	L	M
V	E	K	Ø	R	M	B	V	M	E	S	U	I	D	A	R
O	B	S	T	K	K	M	M	J	P	P	S	F	Æ	R	E
L	Y	Y	I	A	D	Q	H	N	L	O	K	G	U	D	L
U	I	Y	N	M	N	E	J	R	I	N	P	E	D	F	K
M	M	E	A	U	A	G	L	V	G	E	O	O	I	K	N
B	T	A	S	R	W	L	E	L	N	N	L	M	A	H	I
D	I	V	I	S	J	O	N	L	I	T	Y	E	M	C	V
B	R	N	H	D	P	C	X	E	N	N	G	T	E	R	E
E	T	E	G	R	O	T	Q	L	G	A	O	R	T	H	R
I	E	I	L	X	X	O	B	L	X	K	N	I	E	R	A
S	M	I	U	L	U	Y	M	A	K	E	N	S	R	H	Y
J	M	N	Q	H	E	O	Y	R	A	R	Y	Q	B	L	S
Z	Y	N	B	D	C	J	P	A	C	T	P	X	N	S	F
V	S	L	X	I	H	X	Z	P	P	N	M	K	G	D	W

VINKLER
ARITMETIKK
TORGET
OMKRETS
DESIMAL
DIAMETER
DIVISJON
EKSPONENT
LIGNING
BRØKDEL
GEOMETRI
PARALLELL
POLYGON
RADIUS
REKTANGEL
SUM
SFÆRE
SYMMETRI
TREKANT
VOLUM

21 - Mythologie

E	R	K	S	K	A	T	A	S	T	R	O	F	E	H	K
P	H	R	I	K	L	A	B	Y	R	I	N	T	W	E	W
Q	M	I	Y	X	A	S	S	J	A	L	U	S	I	L	J
E	C	G	B	G	A	P	K	S	I	G	A	M	N	T	K
Q	N	E	B	T	I	S	N	A	L	Z	U	B	Y	I	W
J	A	R	X	Y	T	T	U	I	P	Y	Y	S	E	N	E
A	D	D	Ø	D	E	L	I	G	N	E	V	X	P	C	C
G	U	X	N	U	H	H	E	V	N	G	L	Y	Y	U	K
Z	E	Z	H	A	G	E	E	R	O	X	W	S	T	T	U
E	L	P	Y	M	I	M	S	C	P	W	R	T	E	O	L
F	E	N	U	B	L	D	M	T	C	E	L	K	K	R	T
V	G	V	X	X	E	J	P	J	P	V	K	J	R	D	U
P	E	F	V	O	D	M	O	N	S	T	E	R	A	E	R
Z	N	R	I	R	Ø	N	R	T	G	Q	M	Q	Y	N	F
S	D	U	N	O	D	X	T	N	H	L	Y	N	M	T	Z
A	E	V	Z	G	U	O	P	P	F	Ø	R	S	E	L	S

ARKETYPE
KATASTROFE
OPPFØRSEL
SKAPELSE
SKAPNING
TRO
KULTUR
LYN
STYRKE
KRIGER
HELT
UDØDELIGHET
SJALUSI
LABYRINT
LEGENDE
MAGISK
MONSTER
DØDELIG
TORDEN
HEVN

22 - Restaurant #2

D	Z	H	M	S	I	J	U	Z	F	Q	K	S	I	F	Q
A	R	G	L	O	T	S	J	M	K	J	E	S	O	W	B
T	C	I	Y	E	A	N	M	N	W	J	L	U	J	U	Q
T	C	L	K	I	L	U	G	N	M	R	N	P	G	C	Q
T	L	I	I	K	A	L	K	A	K	E	E	P	K	F	J
G	Q	E	E	X	S	E	Y	V	D	L	R	E	F	Y	O
W	I	D	N	U	R	F	G	C	J	D	B	H	R	D	U
S	K	J	E	W	T	F	H	L	U	U	I	O	U	G	K
V	O	T	Q	F	H	A	H	G	N	N	T	M	K	K	Z
Z	K	X	W	Q	N	G	G	E	Y	W	W	K	T	R	I
G	R	Ø	N	N	S	A	K	E	R	F	P	F	O	X	S
E	R	E	R	J	S	M	K	D	V	W	Z	Q	R	S	A
R	S	Y	Z	E	D	U	N	Q	G	K	T	C	Z	C	L
M	X	U	H	I	L	Q	D	V	H	F	X	N	E	Q	T
K	T	L	Q	K	R	Y	D	D	E	R	B	K	H	L	D
G	H	T	P	A	O	R	A	T	C	X	K	E	N	M	Z

DRIKK
STOL
SKJE
LUNSJ
DEILIG
MIDDAG
VANN
KRYDDER
GAFFEL
FRUKT

KAKE
IS
GRØNNSAKER
NUDLER
EGG
FISK
SALAT
SALT
KELNER
SUPPE

23 - Beauté

S	Z	J	M	S	P	E	I	L	Y	U	F	Q	I	J	S
A	L	F	A	J	F	U	A	O	P	M	A	J	S	S	S
K	B	K	S	W	J	A	G	E	U	V	R	E	J	L	O
S	J	Q	C	M	T	G	L	L	U	Y	G	A	X	L	K
G	N	B	A	S	X	Y	G	E	E	P	E	N	J	L	O
X	L	Z	R	G	C	L	S	G	P	Y	S	P	S	S	S
D	J	A	A	S	T	K	L	A	W	A	N	Q	T	L	M
B	I	W	T	Q	F	J	W	N	B	T	A	L	Y	E	E
X	A	J	E	T	U	F	E	T	F	H	G	B	L	P	T
A	I	M	Q	H	D	A	R	N	Y	U	E	N	I	P	I
K	R	Ø	L	L	E	R	M	E	E	D	L	Å	S	E	K
X	D	G	Q	J	L	X	Z	G	Y	S	E	D	T	S	K
S	M	I	N	K	E	D	D	O	V	G	T	E	J	T	Z
C	M	L	U	S	S	F	U	T	X	T	S	E	X	I	N
T	D	Y	E	M	O	Z	H	O	M	C	Y	C	R	F	T
Q	G	K	K	D	L	N	P	F	L	V	G	O	M	T	U

KRØLLER
SJARM
SAKS
KOSMETIKK
FARGE
ELEGANSE
ELEGANT
NÅDE
OLJER
GLATT
SMINKE
MASCARA
SPEIL
DUFT
HUD
FOTOGEN
LEPPESTIFT
TJENESTER
SJAMPO
STYLIST

24 - Avions

M	A	N	N	S	K	A	P	F	I	R	E	P	B	K	Y
S	R	O	G	H	Y	D	R	O	G	E	N	I	E	O	T
E	F	G	N	O	L	L	A	B	Z	S	D	S	I	N	P
C	V	E	I	R	O	T	S	I	H	O	U	B	T	S	N
H	Ø	Y	D	E	M	H	D	M	X	Z	F	L	A	T	A
Q	R	P	N	V	D	I	R	E	T	N	I	N	G	R	V
T	A	J	A	K	O	M	I	Z	M	K	T	Q	N	U	I
J	M	K	L	N	Z	M	U	R	L	S	D	A	I	K	G
B	M	O	T	O	R	E	L	L	E	P	O	R	P	S	E
R	J	V	F	R	E	L	E	V	E	N	T	Y	R	J	R
E	A	T	M	O	S	F	Æ	R	E	U	H	L	C	O	E
N	A	V	S	T	A	M	N	I	N	G	N	K	U	N	A
S	P	A	S	S	A	S	J	E	R	M	H	I	A	F	F
E	U	J	P	I	L	O	T	E	R	G	S	V	M	F	T
L	B	Z	O	Q	T	U	R	B	U	L	E	N	S	D	Z
S	W	L	C	D	D	D	T	P	F	L	W	U	M	U	Q

LUFT
ATMOSFÆRE
LANDING
EVENTYR
BALLONG
BRENSEL
HIMMEL
KONSTRUKSJON
AVSTAMNING
RETNING

MANNSKAP
HØYDE
PROPELLER
HISTORIE
HYDROGEN
MOTOR
NAVIGERE
PASSASJER
PILOT
TURBULENS

25 - Aventure

U	A	O	S	M	D	Z	Q	D	H	F	T	C	O	W	N
T	K	V	R	U	E	D	E	L	G	I	T	S	P	B	A
F	T	E	E	L	S	I	W	Z	O	J	J	A	L	B	V
O	I	R	I	I	T	S	K	J	Ø	N	N	H	E	T	I
R	V	R	S	G	I	U	T	F	L	U	K	T	S	E	G
D	I	A	E	H	N	N	H	L	F	Y	K	T	N	H	A
R	T	S	R	E	A	E	A	J	T	E	Z	F	A	R	S
I	E	K	B	T	S	T	N	T	Q	N	Q	A	J	E	J
N	T	E	B	N	J	U	Y	T	U	P	U	R	S	K	O
G	M	N	N	K	O	R	T	A	U	R	Y	L	K	K	N
E	C	D	Q	Y	N	E	A	K	M	S	E	I	S	I	P
R	V	E	A	Y	W	S	C	E	F	E	I	G	A	S	Q
L	B	J	J	T	G	I	L	N	A	V	U	A	M	P	W
T	E	H	G	I	L	E	K	S	N	A	V	H	S	M	N
L	G	L	U	U	Y	R	C	J	A	Z	U	T	S	M	V
Q	Y	F	O	R	B	E	R	E	D	E	L	S	E	G	E

AKTIVITET
SKJØNNHET
SJANSE
FARLIG
DESTINASJON
UTFORDRINGER
VANSKELIGHET
ENTUSIASME
UTFLUKT
UVANLIG
REISERUTE
GLEDE
NATUR
NAVIGASJON
NY
MULIGHET
FORBEREDELSE
SIKKERHET
OVERRASKENDE
REISER

26 - Ville

F	M	E	U	B	A	K	E	R	I	X	S	Z	A	Q	O
L	A	B	I	B	L	I	O	T	E	K	N	A	N	U	D
Y	R	D	Y	R	E	H	A	G	E	Q	X	R	S	O	B
P	K	S	V	R	Y	Z	A	N	J	A	R	C	Z	C	O
L	E	N	A	S	U	P	E	R	M	A	R	K	E	D	K
A	D	O	A	L	K	M	U	S	E	U	M	U	L	Q	H
S	M	I	G	B	O	L	L	E	T	O	H	N	O	P	A
S	S	D	I	P	N	N	I	V	E	H	I	I	K	E	N
E	H	A	A	P	I	G	G	N	N	L	T	V	S	K	D
N	B	T	X	H	K	A	Z	D	I	P	C	E	U	T	E
S	U	S	Z	F	L	L	J	I	V	K	T	R	P	E	L
A	P	O	T	E	K	L	V	M	J	T	K	S	N	A	D
O	M	F	R	W	K	E	G	N	P	V	M	I	P	T	N
P	Q	A	M	N	J	R	R	M	Q	D	R	T	N	E	Q
E	A	H	J	M	S	I	S	W	E	E	O	E	Y	R	U
R	E	S	T	A	U	R	A	N	T	D	P	T	S	C	H

FLYPLASSEN
BANK
BIBLIOTEK
BAKERI
KINO
KLINIKK
SKOLE
GALLERI
HOTELL
BOKHANDEL
MARKED
MUSEUM
APOTEK
RESTAURANT
SALONG
STADION
SUPERMARKED
TEATER
UNIVERSITET
DYREHAGE

27 - Ingénierie

N	O	J	S	A	T	O	R	D	Q	X	M	Y	D	F	E
E	J	U	G	T	E	T	I	L	I	B	A	T	S	V	N
F	V	R	P	F	Y	B	X	Å	W	H	R	V	A	I	E
Q	O	A	C	I	S	R	G	M	A	B	G	A	D	N	R
S	Q	B	C	R	Z	W	K	S	A	E	A	K	G	K	G
M	M	F	Y	D	X	H	Y	E	S	X	I	S	N	E	I
I	J	O	P	M	I	E	D	N	O	P	D	E	I	L	Y
D	J	Y	L	E	M	I	S	I	R	D	A	R	N	M	V
S	Z	Z	H	R	N	I	X	K	E	J	E	K	G	X	R
A	Y	S	R	F	L	C	C	S	T	S	W	E	E	G	L
V	Æ	S	K	E	Z	R	G	A	E	V	E	O	R	R	N
D	Y	B	D	E	Z	V	U	M	M	K	S	L	E	O	Z
M	O	T	O	R	Q	W	B	R	A	F	G	N	B	A	Y
N	D	W	N	O	J	S	U	B	I	R	T	S	I	D	M
S	T	R	U	K	T	U	R	E	D	L	Q	P	S	T	U
X	W	D	T	K	O	N	S	T	R	U	K	S	J	O	N

VINKEL
AKSER
BEREGNING
KONSTRUKSJON
DIAGRAM
DIAMETER
DIESEL
DISTRIBUSJON
ENERGI
STYRKE

SPAKER
VÆSKE
MASKIN
MÅL
MOTOR
DYBDE
FREMDRIFT
ROTASJON
STABILITET
STRUKTUR

28 - Énergie

B	I	M	I	V	A	G	D	O	O	M	K	R	G	S	E
E	R	N	E	G	O	R	D	Y	H	O	A	M	D	O	W
U	E	O	D	G	M	N	N	Z	E	T	R	J	W	L	X
T	T	T	G	U	Q	O	I	M	L	O	B	E	M	J	W
X	T	O	A	N	S	E	V	Q	E	R	O	G	A	B	X
Q	A	F	D	X	T	T	C	X	K	Æ	N	R	I	D	N
S	B	T	C	N	I	B	R	U	T	E	H	X	P	D	M
E	T	L	D	J	R	D	V	I	R	L	L	C	O	I	M
M	Ø	J	L	I	M	V	U	X	I	K	A	C	R	E	O
V	A	R	M	E	K	X	H	A	S	U	A	V	T	S	W
M	U	Q	U	B	S	O	R	I	K	N	I	S	N	E	B
K	W	J	U	H	Q	N	O	R	T	K	E	L	E	L	R
N	P	C	Q	Z	L	C	E	U	R	D	Y	S	R	A	Y
V	K	H	S	D	B	B	G	R	A	B	Y	N	R	O	F
Z	S	Q	V	I	U	I	C	U	B	Q	F	D	I	J	I
F	O	R	U	R	E	N	S	I	N	G	C	P	A	A	G

BATTERI
KARBON
BRENSEL
VARME
DIESEL
ENTROPI
MILJØ
BENSIN
ELEKTRISK
ELEKTRON
HYDROGEN
INDUSTRI
MOTOR
NUKLEÆR
FOTON
FORURENSING
FORNYBAR
SOL
TURBIN
VIND

29 - Cuisine

S	M	H	H	L	T	J	E	G	V	F	M	O	N	M	S
P	L	Y	Y	E	C	B	P	E	B	R	A	P	V	U	E
I	K	P	S	U	A	R	E	D	D	Y	R	K	Ø	G	R
S	Q	J	O	C	X	F	Z	L	U	S	Z	T	S	G	V
E	S	G	G	T	L	S	B	R	K	E	Q	J	E	E	I
P	N	L	A	K	O	P	P	E	R	R	P	A	F	K	E
I	I	J	F	M	I	M	F	J	C	H	O	G	M	K	T
N	D	E	L	L	I	R	G	A	I	O	C	F	K	U	T
N	X	H	E	L	L	O	B	M	S	U	J	F	J	R	G
E	J	D	R	O	P	P	S	K	R	I	F	T	E	K	F
R	S	K	J	E	E	R	R	U	N	N	M	D	L	U	I
I	T	P	J	R	V	N	P	P	X	B	P	A	E	K	B
S	V	A	M	P	M	I	V	S	H	V	A	R	T	Y	P
E	Q	N	J	W	P	H	N	V	O	T	K	U	J	Q	A
L	Z	T	K	Z	C	R	X	K	X	K	U	Q	M	M	E
K	J	Ø	L	E	S	K	A	P	X	E	D	M	M	J	X

SPISEPINNER
BOLLE
KJELE
FRYSER
KNIVER
MUGGE
SKJEER
KRYDDER
SVAMP
OVN

GAFLER
GRILLE
ØSE
MAT
KRUKKE
OPPSKRIFT
KJØLESKAP
SERVIETT
FORKLE
KOPPER

30 - Corps Humain

U	N	L	L	W	S	H	H	R	H	O	D	E	Q	F	P
L	E	E	E	R	Ø	Å	O	G	S	F	W	K	T	V	V
E	S	K	G	P	O	N	N	U	M	R	X	A	Q	O	M
Y	E	N	A	C	P	D	D	E	F	K	O	H	X	J	I
H	H	A	M	U	P	E	N	R	E	J	H	S	L	K	Y
J	Q	W	D	K	G	E	R	A	L	B	U	E	S	Y	E
C	A	Z	Y	J	C	C	L	E	E	N	G	U	K	S	W
D	U	R	H	L	R	Q	S	B	G	K	N	K	U	T	Y
P	M	V	T	A	U	B	L	O	D	N	Q	H	L	X	Q
H	J	E	R	T	E	P	A	O	E	H	I	B	D	N	M
B	T	E	X	H	J	F	H	Z	S	G	P	F	E	F	Z
K	J	E	V	E	S	U	A	N	S	I	K	T	R	O	G
Z	H	U	D	N	A	C	G	W	B	D	F	X	I	U	R
Z	E	P	J	O	W	Q	Z	K	Y	D	F	V	R	N	D
Q	Z	M	F	A	Y	S	M	P	N	A	M	T	S	G	Q
X	H	V	I	R	I	M	I	Q	U	E	Y	H	T	Q	R

MUNN
HJERNE
ANKEL
HALS
ALBUE
HJERTE
FINGER
MAGE
SKULDER
KNE
LEPPER
HÅND
KJEVE
HAKE
NESE
ØRE
HUD
BLOD
HODE
ANSIKT

31 - Biologie

R	E	B	C	V	C	U	E	P	R	Z	P	O	M	F	K
V	E	L	L	O	P	L	C	P	G	P	A	Q	N	O	R
X	H	P	H	I	C	I	E	G	N	R	T	H	B	T	O
C	X	W	T	B	X	C	L	M	E	O	T	P	B	O	M
M	I	N	R	I	A	P	L	T	R	T	E	V	H	S	O
J	B	O	Y	N	L	K	E	E	V	E	D	S	K	Y	S
S	T	J	Y	O	W	Y	T	J	E	I	Y	Y	J	N	O
O	T	S	D	J	T	Z	W	E	C	N	R	M	G	T	M
R	N	U	E	S	O	G	G	W	R	Z	A	B	I	E	S
K	O	L	L	A	G	E	N	H	C	I	G	I	L	S	Y
K	Y	O	Y	T	M	W	O	N	O	S	E	O	R	E	N
M	R	V	V	U	G	I	R	I	T	R	W	S	U	T	A
R	B	E	D	M	L	F	V	J	K	D	M	E	T	P	P
Y	M	Y	Z	N	E	U	E	T	S	Z	R	O	A	J	S
T	E	F	T	F	F	U	N	W	H	O	O	Z	N	Y	E
O	S	M	O	S	E	A	N	A	T	O	M	I	U	F	I

ANATOMI
BAKTERIE
CELLE
KROMOSOM
KOLLAGEN
EMBRYO
ENZYM
EVOLUSJON
HORMON
PATTEDYR
MUTASJON
NATURLIG
NERVE
NEVRON
OSMOSE
FOTOSYNTESE
PROTEIN
REPTIL
SYMBIOSE
SYNAPSE

32 - Épices

X	P	P	Z	W	B	N	E	B	S	A	N	I	S	Z	K
N	E	M	M	U	K	S	S	I	P	S	Y	C	C	E	A
V	L	H	C	E	F	J	Q	T	A	K	S	U	M	Y	R
F	E	N	N	I	K	E	L	T	K	L	S	R	O	B	D
H	V	I	T	L	Ø	K	B	E	O	Ø	I	A	F	L	E
G	A	J	H	O	Z	H	C	R	R	K	R	N	L	W	M
R	W	A	A	H	P	V	I	E	I	R	K	U	E	T	O
H	L	A	K	I	R	P	A	P	A	Z	A	W	N	L	M
O	K	D	A	Q	E	M	A	P	N	J	L	F	A	V	M
Z	K	J	R	D	M	O	N	E	D	T	M	J	K	F	E
U	Y	N	R	U	T	D	S	P	E	J	L	I	N	A	V
C	Q	I	I	U	S	T	J	Y	R	Æ	F	E	G	N	I
A	Q	W	G	V	B	R	E	R	Q	D	M	G	L	V	K
I	D	L	E	A	Z	E	I	U	O	U	J	X	R	G	Q
M	Z	H	G	O	Z	Z	L	S	M	A	K	P	G	M	W
Y	Y	T	X	K	J	W	C	R	S	A	F	R	A	N	S

SUR
HVITLØK
BITTER
ANIS
KANEL
KARDEMOMME
KORIANDER
SPISSKUMMEN
KARRI
FENNIKEL
INGEFÆR
MUSKAT
LØK
PAPRIKA
PEPPER
LAKRIS
SAFRAN
SMAK
SALT
VANILJE

33 - Agronomie

V	E	K	S	T	Z	J	R	D	E	Z	V	P	C	L	F
D	G	H	F	A	T	D	K	K	I	O	T	Y	A	A	O
P	W	N	Z	M	Z	P	I	R	H	A	Y	Y	K	N	R
M	G	B	G	D	S	J	S	I	C	H	M	T	X	D	U
I	I	S	Y	K	D	O	M	M	E	R	D	X	G	B	R
L	G	N	I	N	K	S	R	O	F	N	V	Z	R	R	E
P	R	O	D	U	K	S	J	O	N	J	O	R	D	U	N
R	E	L	L	V	M	W	Y	V	J	O	K	N	B	K	S
U	N	A	A	O	C	L	N	O	E	D	J	A	R	V	I
U	E	N	Q	L	K	Q	R	L	D	K	G	S	H	B	N
I	V	D	Y	W	H	Ø	J	L	I	M	I	D	O	O	G
L	A	L	V	I	T	E	N	S	K	A	P	J	T	R	Q
Y	N	I	G	J	Ø	D	S	E	L	D	T	L	Q	S	E
F	N	G	B	R	Y	G	R	Ø	N	N	S	A	K	E	R
E	R	E	D	U	T	S	S	Y	S	T	E	M	E	R	V
D	M	Ø	B	M	B	I	G	S	C	W	W	E	T	X	G

LANDBRUK
VEKST
VANN
GJØDSEL
MILJØ
ØKOLOGI
ENERGI
EROSJON
STUDERE
FRØ
GRØNNSAKER
SYKDOMMER
MAT
FORURENSING
PRODUKSJON
FORSKNING
LANDLIG
VITENSKAP
JORD
SYSTEMER

34 - Science

T	D	X	W	I	B	R	X	D	Y	C	O	E	X	P	F
T	W	U	F	O	I	Q	B	H	A	H	J	K	R	X	A
L	F	W	U	N	O	J	S	A	V	R	E	S	B	O	K
L	A	B	O	R	A	T	O	R	I	U	M	P	O	R	T
T	M	P	A	R	T	I	K	L	E	R	O	E	K	F	U
S	Y	I	I	O	A	I	T	D	N	R	T	R	J	N	M
E	L	N	N	W	D	M	B	A	O	P	A	I	E	R	O
O	V	S	G	E	S	E	T	O	P	Y	H	M	M	E	Z
R	T	O	G	D	R	U	T	A	N	K	X	E	I	K	H
G	N	E	L	D	E	A	M	I	L	K	C	N	S	S	Z
A	Q	D	W	U	R	K	L	O	S	Q	K	T	K	R	A
N	H	F	L	D	S	C	R	E	L	Y	K	E	L	O	M
I	T	N	D	H	J	J	X	A	R	Z	I	C	C	F	V
S	J	N	E	D	C	E	O	J	F	X	S	W	T	H	H
M	M	E	T	O	D	E	I	N	W	T	Y	Y	Z	R	Y
E	P	E	F	O	S	S	I	L	T	W	F	P	S	V	Z

ATOM
KJEMISK
KLIMA
DATA
EKSPERIMENT
EVOLUSJON
FAKTUM
FOSSILT
TYNGDEKRAFT
HYPOTESE
LABORATORIUM
METODE
MINERALER
MOLEKYLER
NATUR
OBSERVASJON
ORGANISME
PARTIKLER
FYSIKK
FORSKER

35 - Vêtements

P	E	B	O	P	Q	M	D	G	E	F	M	R	N	M	F
X	H	U	L	K	M	F	O	R	K	L	E	C	W	M	G
A	Q	K	B	K	C	T	Q	A	K	Y	L	N	G	M	M
J	N	S	U	K	J	S	A	M	A	J	Y	P	A	J	W
W	O	E	J	A	U	O	A	Z	J	Z	Y	Q	E	T	B
S	K	J	O	R	T	E	L	N	E	T	O	M	A	N	A
J	B	R	E	F	K	R	R	E	D	N	Å	B	M	R	A
H	A	N	S	K	E	R	Ø	S	E	A	F	H	Y	A	X
M	L	O	M	P	C	R	A	J	J	P	L	O	E	J	T
O	M	C	A	J	O	Z	P	A	K	C	H	E	T	E	X
S	K	J	E	R	F	S	K	O	S	S	B	D	R	A	W
N	G	G	C	E	W	U	K	L	L	E	L	V	Z	N	B
J	H	R	F	S	N	O	T	R	A	N	U	D	U	S	E
E	A	S	J	N	U	Q	B	Q	H	A	S	I	F	G	L
J	T	M	T	E	F	Z	R	C	N	L	E	L	A	Y	T
Q	T	Z	D	G	U	B	S	N	L	S	A	C	I	Q	E

ARMBÅND
BELTE
HATT
SKO
SKJORTE
BLUSE
HALSKJEDE
SKJERF
HANSKER
JEANS
SKJØRT
FRAKK
MOTE
BUKSE
GENSER
PYJAMAS
KJOLE
SANDALER
FORKLE
JAKKE

36 - Arts Visuels

Z	Q	J	U	B	G	P	I	L	I	Z	L	N	J	T	J
S	A	M	M	E	N	S	E	T	N	I	N	G	I	T	E
A	I	H	A	K	R	E	V	R	E	T	S	E	M	M	S
E	K	O	W	U	O	N	Q	L	L	E	N	H	F	J	X
J	R	C	K	L	P	D	P	K	E	A	S	Y	X	J	D
P	I	N	N	L	P	E	N	N	N	I	K	T	V	Y	H
Q	T	S	I	T	R	A	D	E	R	B	R	K	I	N	G
M	T	S	K	U	L	P	T	U	R	M	U	E	T	M	Q
A	R	K	I	T	E	K	T	U	R	E	M	X	K	P	Q
M	V	O	L	O	F	V	F	P	O	R	T	R	E	T	T
A	W	V	E	O	K	K	I	M	A	R	E	K	P	U	N
L	P	X	F	G	N	O	L	B	A	J	S	R	S	G	A
E	W	H	F	Y	M	L	M	T	Z	N	F	J	R	N	Y
R	W	T	A	K	R	E	A	T	I	V	I	T	E	T	L
I	A	U	T	J	D	A	F	E	R	A	H	E	P	G	B
C	P	Q	S	J	R	I	U	X	A	M	J	Z	A	E	T

ARKITEKTUR
LEIRE
ARTIST
KERAMIKK
KULL
MESTERVERK
STAFFELI
VOKS
SAMMENSETNING
KRITT
BLYANT
KREATIVITET
FILM
MALERI
PERSPEKTIV
SJABLONG
PORTRETT
SKULPTUR
PENN
LAKK

37 - Méditation

O	T	J	P	O	B	S	E	R	V	A	S	J	O	N	T
T	P	L	M	U	E	A	T	E	H	R	A	L	K	E	A
T	E	P	V	U	S	E	Z	N	U	L	H	W	V	K	K
N	S	U	M	X	N	T	X	A	P	A	T	B	Z	Å	K
O	K	S	J	E	O	S	E	V	Q	P	E	Y	N	V	N
A	A	G	D	L	R	U	T	A	N	X	H	Q	C	P	E
M	E	N	T	A	L	K	Z	P	S	F	G	M	C	E	M
X	J	I	X	B	K	A	S	O	J	M	I	U	Z	R	L
R	R	N	T	Z	N	D	R	O	M	T	L	S	H	S	I
E	O	D	N	L	Z	M	R	H	M	E	N	I	S	P	G
R	X	L	L	R	S	J	R	R	A	H	N	K	F	E	H
X	B	O	I	I	L	D	I	D	D	L	E	K	R	K	E
G	S	H	R	G	B	D	P	Y	L	L	V	T	E	T	T
F	Ø	L	E	L	S	E	R	Q	P	I	E	L	D	I	W
B	E	V	E	G	E	L	S	E	D	T	H	E	D	V	F
Y	V	M	E	D	F	Ø	L	E	L	S	E	Q	G	B	B

AKSEPT
OPPMERKSOMHET
ROLIG
KLARHET
MEDFØLELSE
FØLELSER
VÅKEN
VENNLIGHET
TAKKNEMLIGHET
VANER
MENTAL
BEVEGELSE
MUSIKK
NATUR
OBSERVASJON
FRED
PERSPEKTIV
HOLDNING
PUSTE
STILLHET

38 - Littérature

H	R	M	R	G	W	A	C	F	F	Y	F	P	G	P	H
V	I	A	N	V	I	J	O	G	O	L	A	I	D	Q	H
E	M	B	T	E	M	A	J	E	R	H	T	J	H	G	P
P	W	Y	R	N	T	N	R	E	T	O	D	K	E	N	A
N	T	A	K	O	K	S	I	T	E	O	P	T	K	S	Y
R	O	F	A	T	E	M	V	L	L	T	B	R	L	Y	E
E	M	T	Y	R	N	S	O	V	L	Y	U	H	I	A	I
T	X	K	W	H	O	A	T	N	E	F	W	T	F	U	P
T	N	U	R	V	J	T	N	I	R	R	O	M	A	N	D
A	N	A	L	Y	S	E	R	A	L	W	O	I	R	Z	I
F	M	L	Y	P	U	B	X	A	L	N	W	E	G	B	K
R	X	S	O	Q	L	T	X	I	G	O	L	T	O	F	T
O	E	C	V	D	K	N	P	K	X	E	G	G	I	A	U
F	H	B	J	E	N	G	M	F	G	T	D	I	B	I	N
N	P	E	V	L	O	D	L	D	A	P	F	I	S	U	K
R	M	W	P	Y	K	M	E	N	I	N	G	R	E	F	V

ANALOGI
ANALYSE
ANEKDOTE
FORFATTER
BIOGRAFI
KONKLUSJON
DIALOG
METAFOR
FORTELLER
MENING
DIKT
POETISK
RIM
ROMAN
RYTME
STIL
TEMA
TRAGEDIE

39 - Nourriture #1

J	J	O	Z	O	U	R	D	M	A	G	G	Y	B	G	E
W	O	W	F	S	V	N	W	E	R	Æ	P	W	A	U	R
Z	Y	R	E	K	K	U	S	L	E	F	Q	J	S	L	F
O	C	T	D	S	A	L	T	K	Ø	L	K	N	I	R	Q
A	A	A	O	B	K	A	T	A	W	B	U	B	L	O	G
C	K	R	S	U	Æ	H	U	H	L	D	D	L	I	T	T
K	A	F	F	E	E	R	L	E	N	A	K	Q	K	V	I
K	E	R	W	C	Y	T	A	N	I	P	S	K	U	I	W
S	S	R	M	I	W	X	H	E	M	T	I	J	M	D	V
F	H	O	I	U	V	D	F	P	P	M	F	Ø	Q	P	H
S	V	G	X	J	D	E	Y	E	Z	P	N	T	Z	R	P
I	I	O	S	T	T	X	W	P	E	U	U	T	F	K	C
T	T	D	S	A	C	H	W	Q	O	Q	T	S	B	W	Y
R	L	H	V	B	X	T	V	Z	S	Y	J	Y	L	H	F
O	Ø	C	V	V	N	S	M	M	C	Q	P	D	Z	N	W
N	K	K	U	H	A	F	M	F	O	P	G	I	F	L	H

HVITLØK
BASILIKUM
KAFFE
KANEL
GULROT
SITRON
SPINAT
JORDBÆR
JUICE
MELK
NEPE
LØK
BYGG
PÆRE
SALAT
SALT
SUPPE
SUKKER
TUNFISK
KJØTT

40 - Jours et Mois

L	Q	P	L	A	R	E	B	M	E	T	P	E	S	O	X
G	V	I	P	U	E	G	J	K	A	L	E	N	D	E	R
P	K	N	O	G	B	A	A	U	E	D	K	R	J	Q	W
O	N	N	T	U	M	D	N	D	N	G	U	E	J	R	R
J	K	K	Y	S	E	S	U	S	R	A	M	J	U	N	I
U	H	T	M	T	V	N	A	D	G	Ø	I	S	G	F	U
L	X	W	O	Å	O	O	R	R	Q	M	L	Z	I	E	Q
I	H	N	Z	B	N	S	M	A	N	D	A	G	P	B	Z
L	G	C	H	C	E	E	T	O	R	S	D	A	G	R	M
P	O	L	O	B	M	R	D	H	S	Q	P	D	A	U	L
L	T	B	T	I	R	S	D	A	G	X	X	N	D	A	S
D	K	I	C	D	O	R	D	X	U	Q	Q	Ø	E	R	I
I	L	P	I	R	V	N	O	V	A	H	F	S	R	A	V
U	M	R	L	K	O	Q	U	R	T	A	Y	W	F	V	E
J	D	F	O	O	E	W	P	W	C	O	S	Y	P	K	B
L	H	S	A	P	R	I	L	B	C	R	I	Y	I	C	N

AUGUST
APRIL
KALENDER
SØNDAG
FEBRUAR
JANUAR
TORSDAG
JULI
JUNI
MANDAG

TIRSDAG
MARS
ONSDAG
MÅNED
NOVEMBER
OKTOBER
LØRDAG
UKE
SEPTEMBER
FREDAG

41 - Jardinage

S	F	K	L	I	M	A	R	E	T	S	M	O	L	B	O
P	B	U	B	U	K	E	T	T	K	R	E	V	V	Ø	L
I	U	M	K	C	P	A	X	Z	M	S	U	R	F	P	B
S	M	B	S	T	G	E	J	X	E	L	O	S	D	L	Z
E	S	X	I	U	I	U	K	F	W	W	I	T	O	M	R
L	A	Z	N	Q	S	G	U	Q	E	D	T	V	I	E	T
I	R	E	A	Z	S	K	H	A	T	A	A	U	R	S	K
G	T	T	T	C	E	B	R	E	D	L	O	H	E	B	K
B	S	P	O	J	M	T	L	I	T	B	F	R	Ø	E	C
V	O	R	B	F	G	V	Z	O	V	A	N	N	W	E	M
X	P	V	P	G	N	J	H	P	M	G	Q	P	W	B	O
Z	M	S	C	D	O	O	T	F	K	S	U	F	T	L	U
A	O	Y	W	J	S	R	H	K	W	T	T	J	Y	I	S
S	K	I	T	T	E	D	I	L	L	X	M	R	R	R	T
H	H	M	F	V	S	T	T	P	Z	H	B	Y	E	D	F
S	L	A	N	G	E	F	R	U	K	T	H	A	G	E	G

BOTANISK
BUKETT
KLIMA
SPISELIG
KOMPOST
VANN
ART
EKSOTISK
LØVVERK
BLAD

BLOMSTRE
BLOMSTER
FRØ
FUKTIGHET
BEHOLDER
SESONGMESSIG
SKITT
JORD
SLANGE
FRUKTHAGE

42 - Entreprise

P	F	H	A	I	N	V	E	S	T	E	R	I	N	G	V
R	A	Y	A	R	O	T	N	O	K	T	O	K	W	A	A
O	P	W	S	N	B	L	H	D	C	K	N	A	M	C	L
F	P	N	A	S	D	E	B	U	D	S	J	E	T	T	U
I	E	O	L	I	Y	E	I	M	O	N	O	K	Ø	D	T
T	N	J	G	A	F	B	L	D	A	N	S	A	T	T	A
T	G	S	O	F	W	P	R	S	S	T	K	U	W	F	U
P	E	K	I	U	W	F	A	V	V	G	K	H	R	R	U
U	R	A	T	E	A	I	E	P	S	A	I	E	X	G	G
W	U	S	K	H	J	N	R	H	K	K	R	V	P	G	K
W	S	N	E	D	U	A	E	S	A	B	B	E	E	P	A
X	D	A	T	L	M	N	I	D	T	Z	A	P	R	R	K
F	Y	R	N	X	S	S	R	D	T	S	F	L	I	D	B
P	W	T	N	Y	C	K	R	D	E	K	O	S	T	E	L
O	L	L	I	I	D	X	A	X	R	B	U	T	I	K	K
A	V	D	O	M	P	N	K	P	I	Q	A	R	G	E	B

PENGER
BUTIKK
BUDSJETT
KONTOR
KARRIERE
KOSTE
VALUTA
ARBEIDSGIVER
ANSATT
SELSKAP
ØKONOMI
FINANS
SKATTER
INVESTERING
HANDELSVARER
PROFITT
INNTEKT
TRANSAKSJON
FABRIKK
SALG

43 - Activités

M	N	A	F	O	T	O	G	R	A	F	E	R	I	N	G
A	A	I	A	H	E	A	N	E	D	E	L	G	I	V	G
L	C	L	T	A	T	V	I	R	L	F	Z	F	D	Q	O
E	L	Z	Z	G	I	S	P	U	N	B	R	D	C	Y	P
R	R	D	F	E	V	L	M	T	K	A	J	I	V	S	K
I	X	U	P	A	I	A	A	T	R	H	N	C	T	W	L
I	K	G	U	R	T	P	C	O	E	P	N	Y	S	I	S
L	F	H	O	B	K	N	K	F	V	R	T	S	N	P	D
K	E	H	B	E	A	I	D	U	D	M	O	P	U	B	B
J	E	S	T	I	T	N	A	O	N	E	C	I	K	K	D
H	L	R	I	D	M	G	Y	P	Å	M	J	L	Z	H	J
Q	K	Q	A	N	T	T	Z	F	H	M	B	L	Z	F	Z
C	W	H	C	M	G	I	N	T	E	R	E	S	S	E	R
M	L	M	B	N	I	F	I	S	K	E	N	G	E	F	J
M	A	G	I	Y	D	K	F	E	R	D	I	G	H	E	T
I	G	O	Y	Y	Z	Y	K	F	Z	W	W	T	I	X	F

AKTIVITET
KUNST
HÅNDVERK
CAMPING
KERAMIKK
JAKT
FERDIGHET
SY
INTERESSER
HAGEARBEID
SPILL
LESING
FRITID
MAGI
MALERI
FISKE
FOTOGRAFERING
GLEDE
FOTTURER
AVSLAPNING

44 - Mode

J	V	Z	M	B	B	Q	S	T	O	F	F	F	B	W	O
G	L	Z	I	U	L	R	E	T	S	N	Ø	M	E	A	D
K	P	A	N	N	I	O	O	G	X	W	G	G	S	B	I
N	J	I	I	B	T	V	N	D	H	R	Æ	L	K	Z	U
P	E	I	M	O	S	H	D	D	E	M	O	C	J	I	T
O	W	R	A	S	C	Z	M	E	E	R	N	L	E	C	H
B	G	I	L	E	M	I	R	G	T	R	I	D	D	J	D
O	Y	Q	I	K	A	E	I	W	N	W	B	P	E	X	L
U	S	Q	S	I	N	E	O	C	A	P	W	V	N	X	E
T	Q	U	T	T	L	A	N	I	G	I	R	O	Q	C	S
I	I	T	I	E	O	U	P	V	E	N	R	E	D	O	M
Q	B	A	S	K	R	Q	E	P	L	Z	Z	O	W	U	C
U	P	M	K	S	U	N	C	R	E	E	N	K	E	L	D
E	C	T	S	T	R	Y	D	N	E	R	T	L	L	L	W
M	P	X	R	U	Q	F	P	R	A	K	T	I	S	K	L
V	H	X	T	R	E	K	I	T	S	I	F	O	S	Q	B

RIMELIG
BOUTIQUE
KNAPPER
BRODERI
DYRT
BLONDER
ELEGANT
MINIMALISTISK
MODERNE
BESKJEDEN
MØNSTER
ORIGINAL
PRAKTISK
ENKEL
SOFISTIKERT
STIL
TREND
TEKSTUR
STOFF
KLÆR

45 - Fleurs

J	Y	J	H	T	P	G	A	R	D	E	N	I	A	P	R
L	M	Y	Y	X	Å	F	F	K	Y	I	I	Y	D	A	N
I	L	C	C	N	S	E	O	R	R	N	M	B	A	S	C
L	J	U	D	Q	K	S	F	J	F	H	S	X	W	J	K
L	N	N	A	T	E	V	Ø	L	N	Z	A	B	K	O	F
A	L	V	L	V	L	Y	Y	P	E	S	J	N	L	N	D
H	H	F	B	O	I	B	F	E	S	T	S	N	A	S	T
R	G	K	N	K	L	T	A	O	U	A	W	M	V	B	M
S	B	Z	O	S	J	M	O	N	T	F	V	A	E	L	J
S	O	S	R	O	E	V	A	L	M	U	E	G	N	O	M
B	S	L	K	Y	R	E	V	Ø	L	K	H	N	D	M	Q
C	U	M	S	S	U	K	S	I	B	I	H	O	E	S	N
Z	Q	K	T	I	Q	J	I	F	W	H	C	L	L	T	A
S	S	I	E	I	K	Y	S	D	N	A	P	I	L	U	T
R	O	S	E	T	X	K	R	W	É	V	J	A	A	S	X
A	S	T	S	L	T	Z	E	E	J	L	I	L	J	E	J

BUKETT
GARDENIA
HIBISKUS
SJASMIN
PÅSKELILJE
LAVENDEL
LILLA
LILJE
MAGNOLIA
TUSENFRYD
ORKIDÉ
PASJONSBLOMST
VALMUE
KRONBLAD
LØVETANN
PEON
ROSE
SOLSIKKE
KLØVER
TULIPAN

46 - Nourriture #2

H	S	Y	D	E	S	N	B	E	G	G	S	U	K	E	I
V	I	C	E	O	B	R	R	R	Æ	B	E	S	R	I	K
E	B	S	Y	W	J	G	I	T	O	G	N	A	M	V	O
T	A	M	O	T	W	N	F	I	W	K	S	I	F	B	W
E	Q	B	W	Y	K	I	W	I	W	G	K	G	M	B	P
Q	F	E	B	K	E	L	P	E	J	W	F	O	T	H	P
X	F	A	G	I	U	L	S	K	I	N	K	E	L	N	L
F	I	X	B	C	R	Y	I	R	V	N	D	N	U	I	Y
H	K	C	M	A	D	K	R	I	B	X	D	I	Q	D	B
V	F	S	X	E	N	L	W	T	Z	R	Y	G	A	J	O
D	G	L	I	K	P	A	D	K	V	I	A	R	M	C	K
S	E	L	L	E	R	I	N	S	U	Z	I	E	A	Q	M
S	J	O	K	O	L	A	D	E	O	Q	Z	B	N	G	D
N	N	C	S	N	R	Y	Ø	G	L	P	A	U	D	R	S
L	C	C	N	J	E	V	R	I	R	G	P	A	E	Q	Z
F	C	V	J	S	S	V	B	Y	M	W	K	M	L	X	D

MANDEL
AUBERGINE
BANAN
HVETE
BROKKOLI
KIRSEBÆR
SELLERI
SOPP
SJOKOLADE
SKINKE
KIWI
MANGO
EGG
BRØD
FISK
EPLE
KYLLING
DRUE
RIS
TOMAT

47 - Algèbre

G	A	D	B	S	M	C	G	P	X	D	L	V	F	P	M
I	S	P	Y	R	U	T	S	X	C	S	I	A	Q	R	T
S	M	W	E	S	Ø	B	Z	Y	A	C	G	R	B	O	K
D	S	D	L	W	G	K	T	Z	J	K	N	I	N	B	L
I	F	A	K	T	O	R	D	R	Y	U	I	A	U	L	Z
A	E	C	N	B	G	C	D	E	A	W	N	B	M	E	L
G	I	L	E	D	N	E	U	N	L	K	G	E	M	M	Ø
R	P	L	R	M	E	N	G	D	E	P	S	L	E	R	S
A	A	U	O	M	A	T	R	I	S	E	N	J	R	Æ	N
M	R	N	F	F	O	R	M	E	L	V	J	P	O	E	I
H	E	E	P	B	H	H	X	M	X	E	S	K	P	N	N
G	N	V	J	Y	F	U	I	I	N	K	M	V	B	I	G
P	T	N	E	N	O	P	S	K	E	K	Q	P	O	L	N
O	E	L	X	O	R	N	K	S	L	A	F	V	P	Q	L
M	S	K	I	P	Z	T	Y	F	U	H	U	R	L	E	I
V	K	D	Y	V	Y	R	S	H	E	M	P	B	D	R	P

DIAGRAM
EKSPONENT
LIGNING
FAKTOR
FALSK
FORMEL
BRØKDEL
UENDELIG
LINEÆR
MATRISE
NUMMER
PARENTES
PROBLEM
MENGDE
FORENKLE
LØSNING
SUM
SUBTRAKSJON
VARIABEL
NULL

48 - Océan

S	W	T	Å	B	P	Q	S	R	E	T	S	Ø	T	A	Q
J	D	E	L	F	I	N	K	S	I	F	N	U	T	C	N
J	W	N	V	W	A	A	I	Y	H	P	E	V	U	P	P
F	Y	A	R	R	H	R	L	C	Z	L	Å	W	R	I	U
C	J	M	F	K	Y	K	P	T	B	O	L	O	P	C	O
S	T	O	R	M	L	S	A	M	L	L	Z	T	S	Y	Y
T	L	E	E	N	H	G	D	L	A	S	L	Y	K	F	G
B	A	C	Z	V	G	J	D	L	M	V	I	D	K	F	L
N	S	I	Y	X	Y	F	E	A	H	S	S	I	E	P	L
B	Ø	L	G	E	R	K	B	F	V	C	S	G	L	G	D
K	Q	T	Y	A	G	L	B	R	A	E	C	I	B	T	R
S	B	F	F	F	W	N	A	L	L	A	R	O	K	A	F
U	U	K	Y	K	M	N	R	R	F	Q	S	I	S	N	E
C	Q	F	R	U	D	S	K	T	E	R	C	N	I	G	P
Q	T	F	L	A	R	A	M	E	Y	K	L	U	F	A	A
A	S	B	J	U	Q	T	Z	V	B	K	E	I	Q	K	G

TANG
ÅL
HVAL
BÅT
KORALL
KRABBE
REKE
DELFIN
SVAMP
ØSTERS
MANET
FISK
BLEKKSPRUT
HAI
REV
SALT
STORM
TUNFISK
SKILPADDE
BØLGER

49 - Antiquités

M	D	I	K	I	U	F	H	R	A	C	P	A	G	I	L
Y	M	E	S	K	U	L	P	T	U	R	R	U	A	N	D
N	O	A	K	C	Y	S	L	S	L	P	I	T	M	V	B
T	D	T	L	O	J	R	E	N	U	O	S	E	M	E	X
E	Q	C	G	E	R	D	N	U	H	R	Å	N	E	S	L
R	S	S	N	Y	R	A	P	K	L	E	M	T	L	T	F
X	M	H	I	P	E	I	T	S	T	I	L	I	M	E	T
R	Y	V	R	H	B	S	E	I	I	W	N	S	U	R	M
S	K	Z	E	H	E	E	N	R	V	L	Z	K	V	I	Ø
W	K	Q	R	R	K	V	A	L	I	T	E	T	A	N	B
S	E	S	U	U	D	A	U	K	S	J	O	N	N	G	L
L	R	T	A	O	N	I	R	E	L	L	A	G	L	L	E
F	C	K	T	E	L	E	G	A	N	T	U	Q	I	P	R
P	J	B	S	A	O	T	V	U	X	Q	K	F	G	P	T
G	Q	B	E	L	X	F	J	L	D	H	P	U	M	Z	S
O	P	Y	R	T	V	X	R	B	F	E	X	O	J	B	X

KUNST
AUTENTISK
SMYKKER
DEKORATIV
AUKSJON
ELEGANT
GALLERI
UVANLIG
INVESTERING
MØBLER
MALERIER
MYNTER
PRIS
KVALITET
RESTAURERING
SKULPTUR
ÅRHUNDRE
STIL
VERDI
GAMMEL

50 - Réchauffement Climatique

F	H	D	T	V	W	A	V	F	O	O	I	T	Z	L	C
J	R	A	U	F	Z	L	Z	O	C	O	R	P	K	I	S
P	L	E	B	G	W	Y	I	R	T	S	U	D	N	I	T
E	W	F	M	I	O	A	X	S	B	P	L	U	C	W	S
L	D	A	M	T	T	T	M	K	L	S	L	X	P	P	T
J	T	Y	R	Q	I	A	R	E	G	N	I	R	D	N	E
K	P	I	M	Q	G	D	T	R	C	V	K	B	M	P	P
D	H	H	J	G	N	I	R	E	J	G	E	R	R	F	D
A	N	T	E	H	M	O	S	K	R	E	M	P	P	O	E
I	N	T	E	R	N	A	S	J	O	N	A	L	A	Å	N
L	O	V	G	I	V	N	I	N	G	U	G	E	R	V	E
X	K	R	I	S	E	Ø	L	D	Z	J	Y	G	K	Q	R
G	E	N	E	R	A	S	J	O	N	E	R	A	T	J	G
K	L	I	M	A	B	X	Y	L	C	U	T	S	I	U	I
U	T	V	I	K	L	I	N	G	I	I	C	S	S	Z	M
P	R	E	R	U	T	A	R	E	P	M	E	T	K	F	J

ARKTISK
OPPMERKSOMHET
ENDRINGER
KLIMA
KRISE
UTVIKLING
DATA
MILJØ
ENERGI
FREMTID
GASS
GENERASJONER
REGJERING
HABITATER
INDUSTRI
INTERNASJONAL
LOVGIVNING
NÅ
FORSKER
TEMPERATURER

51 - Ballet

K	H	G	I	F	A	R	G	O	E	R	O	K	Z	T	K
M	T	S	I	N	O	P	M	O	K	V	A	K	N	W	U
B	L	J	R	A	U	M	P	K	D	V	I	I	R	Q	N
P	U	G	J	J	T	S	A	L	B	O	Q	S	J	C	S
V	A	S	U	K	Q	Ø	G	U	A	J	N	U	G	B	T
B	A	L	L	E	R	I	N	A	Z	U	Q	M	F	I	N
D	P	S	O	L	O	S	I	B	T	T	S	E	G	R	E
Q	A	U	G	F	R	A	V	L	E	F	K	M	E	E	R
B	H	N	B	G	Z	R	Ø	N	T	M	S	T	I	L	I
W	U	A	S	L	V	G	Q	U	I	O	M	Y	R	K	S
M	N	L	H	E	I	R	E	T	S	E	K	R	O	S	K
Z	K	R	Z	E	R	K	Z	N	N	Y	M	M	N	U	F
S	W	N	K	F	H	E	U	Y	E	G	K	G	X	M	Z
T	E	K	N	I	K	K	B	M	T	O	G	Z	S	W	M
F	E	R	D	I	G	H	E	T	N	T	W	I	I	I	C
S	V	W	A	H	O	H	L	F	I	P	U	N	C	Y	J

APPLAUS
KUNSTNERISK
BALLERINA
KOREOGRAFI
FERDIGHET
KOMPONIST
DANSERE
GEST
GRASIØS
INTENSITET
MUSKLER
MUSIKK
ORKESTER
PUBLIKUM
ØVING
RYTME
SOLO
STIL
TEKNIKK

52 - Fruit

G	X	E	B	Q	W	H	K	T	G	A	S	E	F	O	U
B	R	I	N	G	E	B	Æ	R	P	P	N	C	I	R	G
K	C	O	D	A	K	O	V	A	A	R	D	S	G	A	X
I	I	U	O	G	N	A	M	R	P	I	D	I	D	N	I
R	X	H	U	P	T	A	D	X	A	K	B	T	S	S	Z
S	K	G	U	A	V	A	N	D	Y	O	B	R	J	J	N
E	F	I	V	A	M	Q	I	A	A	S	N	O	L	E	M
B	D	E	W	A	N	A	W	Z	S	I	B	N	G	R	M
Æ	R	L	R	I	V	N	N	W	G	O	Æ	D	W	Æ	H
R	U	P	U	S	O	W	Q	L	D	E	R	R	U	P	O
R	E	E	I	O	K	I	R	F	N	H	J	Q	D	J	E
B	C	U	P	V	Z	E	T	Z	M	G	O	M	F	Q	C
N	Q	Y	D	E	G	W	N	I	R	E	X	N	A	E	U
N	E	K	T	A	R	I	N	A	N	A	B	T	Z	Z	D
M	F	X	V	A	H	L	U	I	U	A	Q	Q	O	I	I
Z	K	A	F	J	O	T	M	I	M	F	T	U	S	M	J

APRIKOS
ANANAS
AVOKADO
BÆR
BANAN
KIRSEBÆR
SITRON
FIG
BRINGEBÆR
GUAVA
KIWI
MANGO
MELON
NEKTARIN
ORANSJE
PAPAYA
FERSKEN
PÆRE
EPLE
DRUE

53 - Technologie

V	T	Y	V	W	L	M	Q	I	A	M	X	S	Z	Q	Z
H	S	E	F	H	W	T	D	O	X	A	C	K	I	K	H
Q	A	J	V	O	M	T	A	O	L	D	F	R	Y	A	X
P	R	O	G	R	A	M	V	A	R	E	O	I	M	M	Q
H	N	Ø	B	L	O	G	G	G	P	S	R	F	H	E	M
N	I	K	K	V	I	R	U	S	O	I	S	T	L	R	K
D	A	T	A	R	F	I	M	W	G	V	K	I	N	A	M
A	N	I	K	S	A	M	A	T	A	D	N	D	O	C	F
Y	H	Q	F	K	L	M	K	J	G	N	I	D	L	E	M
F	L	E	D	L	X	L	R	E	D	Q	N	U	L	T	H
K	I	E	D	X	G	B	I	E	B	D	G	A	E	Y	Q
W	T	L	A	T	I	G	I	D	J	B	I	O	U	B	B
I	N	T	E	R	N	E	T	T	Y	K	H	S	T	W	K
S	C	K	K	I	T	S	I	T	A	T	S	Z	R	X	U
P	H	D	V	S	I	K	K	E	R	H	E	T	I	U	I
N	E	T	T	L	E	S	E	R	J	C	E	G	V	M	S

VISE
BLOGG
KAMERA
MARKØR
DATA
SKJERM
FIL
INTERNETT
PROGRAMVARE
MELDING
NETTLESER
DIGITALT
BYTE
DATAMASKIN
SKRIFT
FORSKNING
SIKKERHET
STATISTIKK
VIRTUELL
VIRUS

54 - Musique

L	G	N	I	L	L	I	P	S	N	N	I	B	M	B	P
E	O	N	N	N	A	Y	V	R	I	F	Y	K	U	G	E
G	T	M	O	O	S	L	R	E	G	N	A	S	S	Q	W
E	R	E	M	F	A	T	B	I	D	C	S	I	I	W	Y
U	K	W	R	O	P	R	R	U	S	E	R	S	K	U	J
J	I	O	A	R	U	Y	E	U	M	K	K	S	A	S	J
X	N	C	H	K	Y	T	K	C	M	R	S	A	L	R	F
F	M	G	H	I	M	M	I	O	R	E	I	L	S	B	V
K	K	B	O	M	E	I	S	S	G	D	N	K	K	G	V
S	Y	N	G	E	L	S	U	C	L	A	O	T	W	H	L
I	L	M	I	M	O	K	M	I	C	L	M	L	L	P	A
T	L	M	R	T	D	M	S	G	V	L	R	R	O	O	K
E	X	O	O	Y	I	P	I	L	T	A	A	R	E	P	O
O	A	A	A	R	N	H	E	W	E	B	H	M	W	M	V
P	Y	M	H	I	V	Q	T	T	A	X	F	G	V	E	V
C	W	H	N	X	M	I	H	B	K	I	C	L	C	T	Y

ALBUM
BALLADE
SYNGE
SANGER
KLASSISK
INNSPILLING
HARMONI
HARMONISK
INSTRUMENT
LYRISK
MELODI
MIKROFON
MUSIKALSK
MUSIKER
OPERA
POETISK
RYTME
RYTMISK
TEMPO
VOKAL

55 - L'Entreprise

M	F	I	S	Y	S	S	E	L	S	E	T	T	I	N	G
H	Z	Y	N	R	Y	K	T	E	F	O	U	G	W	F	F
F	L	N	Y	V	I	T	A	V	O	N	N	I	E	L	R
I	N	R	L	L	E	N	O	J	S	E	F	O	R	P	A
I	T	E	H	M	O	S	K	R	I	V	H	K	E	I	M
F	V	S	Q	N	C	T	T	M	T	I	A	I	T	N	G
B	Q	R	G	N	R	K	E	E	B	Z	E	S	K	D	A
T	E	U	O	B	O	W	H	Z	R	E	T	I	E	U	N
R	K	S	M	R	Q	B	G	Y	T	I	T	R	T	S	G
E	H	S	L	B	G	F	I	F	F	H	N	G	N	T	B
N	M	E	Z	U	O	V	L	A	B	O	L	G	N	R	C
D	X	R	J	D	T	K	U	D	O	R	P	O	I	I	Z
E	B	R	U	F	C	N	M	E	N	H	E	T	E	R	B
R	M	E	J	Q	E	R	I	K	R	E	A	T	I	V	E
K	V	A	L	I	T	E	T	N	J	P	Q	U	L	K	P
L	E	M	K	O	W	H	X	J	G	G	B	N	W	Q	G

VIRKSOMHET
KREATIV
BESLUTNING
SYSSELSETTING
GLOBAL
INDUSTRI
INNOVATIV
INVESTERING
MULIGHET
PRODUKT

PROFESJONELL
FRAMGANG
KVALITET
RESSURSER
INNTEKTER
RYKTE
RISIKO
TRENDER
ENHETER

56 - Gouvernement

A	I	T	A	R	K	O	M	E	D	I	X	D	L	U	D
L	O	V	C	E	V	L	Y	L	Q	U	L	G	I	A	I
A	Z	O	H	T	K	I	R	T	S	I	D	Q	K	V	S
N	E	L	C	T	Y	T	A	T	S	W	N	Y	E	H	K
O	D	N	J	I	M	E	P	B	Q	V	O	T	S	E	U
J	C	N	S	G	D	H	O	L	P	L	H	A	T	N	S
S	F	U	Y	H	P	G	L	I	V	I	S	L	I	G	J
A	C	R	M	E	W	I	I	T	H	W	B	E	L	I	O
N	I	G	B	T	T	D	T	L	T	W	F	I	L	G	N
B	O	O	O	E	N	R	I	K	E	L	J	N	I	H	Z
E	F	J	L	R	E	E	K	I	C	D	F	P	N	E	H
T	N	N	S	T	M	F	K	M	U	H	E	X	G	T	S
Z	C	O	H	A	U	T	E	H	I	R	F	R	N	V	N
B	M	K	O	H	N	T	A	E	X	Q	W	O	F	M	W
V	A	G	J	A	O	E	R	E	T	T	S	L	I	G	X
M	J	A	B	Q	M	R	B	J	V	T	N	K	Q	S	K

SIVIL
GRUNNLOV
DEMOKRATI
TALE
DISKUSJON
DISTRIKT
RETTIGHETER
LIKESTILLING
STAT
UAVHENGIGHET
RETTSLIG
RETTFERDIGHET
FRIHET
LOV
MONUMENT
NASJON
NASJONAL
FREDELIG
POLITIKK
SYMBOL

57 - Randonnée

T	F	T	O	I	K	E	F	D	Y	R	R	G	R	R	K
O	G	X	R	E	N	I	E	T	S	N	G	H	F	A	L
P	G	M	I	L	O	F	L	O	B	N	Q	K	G	C	I
P	Z	Q	E	B	Z	A	O	F	A	K	Q	O	F	H	M
M	Q	D	N	T	S	R	J	V	J	V	T	T	U	Z	A
Ø	V	B	T	G	Z	E	G	R	A	B	P	D	K	V	H
T	F	U	E	W	E	R	U	T	A	N	T	R	Ø	T	T
E	L	J	R	H	S	P	V	O	O	V	N	Y	T	K	L
I	S	T	I	G	N	I	P	M	A	C	X	M	V	A	V
V	Z	D	N	C	M	L	A	I	F	F	V	N	K	R	Æ
S	G	O	G	A	D	J	R	E	L	V	Ø	T	S	T	R
Y	O	T	U	N	G	V	K	N	L	K	L	S	F	C	R
H	F	L	Y	E	S	L	E	D	E	R	E	B	R	O	F
U	P	L	I	C	L	J	R	W	J	M	B	C	O	P	V
Q	Z	I	A	P	B	J	I	T	F	I	P	O	X	S	L
F	F	V	B	K	U	O	J	Y	M	K	T	G	L	O	O

DYR
STØVLER
CAMPING
KART
KLIMA
FARER
VANN
KLIPPE
TRØTT
TUNG
VÆR
FJELL
NATUR
ORIENTERING
PARKER
STEINER
FORBEREDELSE
VILL
SOL
TOPPMØTE

58 - Art

A	B	B	M	H	F	Z	Y	K	J	A	G	V	T	S	Y
I	G	R	H	N	Z	D	J	C	G	H	L	I	B	A	H
U	Q	Ø	T	T	O	D	U	Q	F	R	P	S	U	M	E
K	O	M	P	L	E	K	S	J	P	K	V	U	C	M	R
F	N	U	I	M	O	N	T	S	E	H	H	E	E	E	J
M	I	H	E	K	S	I	M	A	R	E	K	L	M	N	L
J	I	G	I	L	R	Æ	E	E	W	W	O	L	S	S	P
M	Q	P	U	Z	T	R	E	R	I	P	S	N	I	E	E
D	Z	V	L	R	U	T	P	L	U	K	S	U	L	T	R
S	K	I	L	D	R	E	A	E	U	R	V	C	A	N	S
P	O	E	S	I	E	V	K	P	N	N	R	V	E	I	O
S	Y	M	B	O	L	A	S	D	H	K	K	C	R	N	N
O	R	I	G	I	N	A	L	T	M	C	E	B	R	G	L
M	A	L	E	R	I	E	R	Z	T	F	N	L	U	T	I
H	Z	S	A	V	U	U	X	Z	H	U	K	F	S	K	G
W	H	H	J	U	U	T	T	R	Y	K	K	Y	Z	V	Y

KERAMISK
KOMPLEKS
SAMMENSETNING
SKAPE
SKILDRE
UTTRYKK
FIGUR
ÆRLIG
HUMØR
INSPIRERT
ORIGINAL
MALERIER
PERSONLIG
POESI
SKULPTUR
ENKEL
EMNE
SURREALISME
SYMBOL
VISUELL

59 - Nutrition

S	B	I	T	T	E	R	O	S	K	M	G	I	F	T	K
H	M	R	V	T	K	B	P	P	V	F	L	E	Z	C	R
E	I	A	C	I	V	E	O	I	A	F	H	O	O	M	Y
T	Z	G	K	T	B	S	V	S	L	J	D	V	G	V	D
I	F	D	T	E	G	G	B	E	I	J	U	C	M	I	D
B	H	R	V	P	P	A	P	L	T	N	J	O	L	T	E
B	D	I	R	P	V	S	A	I	E	S	A	U	S	A	R
H	A	I	D	A	K	R	J	G	T	Y	B	O	K	M	E
Y	U	L	F	O	R	D	Ø	Y	E	L	S	E	K	I	I
R	E	T	A	R	D	Y	H	O	B	R	A	K	J	N	R
O	R	R	E	N	I	E	T	O	R	P	R	D	F	L	O
H	C	E	P	D	S	R	I	G	O	H	T	I	N	L	L
C	Q	K	L	M	L	E	S	L	E	H	U	E	E	E	A
B	L	S	S	U	N	N	R	D	L	W	H	T	L	O	K
X	X	Æ	K	O	Q	S	T	T	J	V	F	T	T	X	K
K	N	V	G	J	Æ	R	I	N	G	S	P	G	F	X	R

BITTER
APPETITT
KALORIER
SPISELIG
DIETT
FORDØYELSE
KRYDDER
BALANSERT
GJÆRING
KARBOHYDRATER
VÆSKER
VEKT
PROTEINER
KVALITET
SUNN
HELSE
SAUS
SMAK
GIFT
VITAMIN

60 - Créativité

A	U	T	E	N	T	I	S	I	T	E	T	V	D	H	L
I	N	T	U	I	S	J	O	N	X	S	I	I	L	Z	V
X	E	D	D	N	O	J	S	A	R	I	P	S	N	I	I
G	I	O	P	P	F	I	N	N	S	O	M	J	H	Z	T
M	K	L	A	R	H	E	T	Z	K	M	L	O	L	H	A
B	F	T	E	B	O	F	T	Y	Y	G	J	N	C	N	L
R	I	S	A	T	N	A	F	P	K	G	O	E	F	I	I
E	S	L	E	L	Ø	F	T	C	K	I	P	R	L	N	T
S	L	B	D	H	B	V	M	D	Y	M	S	Y	Y	N	E
L	P	Y	T	E	H	G	I	D	R	E	F	L	T	T	T
E	X	O	W	K	J	N	H	Z	T	E	N	J	N	R	O
L	T	F	N	Q	T	F	X	C	T	W	E	A	D	Y	M
Ø	Q	X	L	T	D	H	R	T	U	Y	M	D	W	K	F
F	K	S	I	T	A	M	A	R	D	V	N	G	I	K	M
F	T	E	T	I	S	N	E	T	N	I	P	L	P	J	S
K	U	N	S	T	N	E	R	I	S	K	C	W	G	T	M

KUNSTNERISK
AUTENTISITET
KLARHET
FERDIGHET
DRAMATISK
UTTRYKK
FØLELSER
FLYT
IDEER
BILDE
FANTASI
INNTRYKK
INSPIRASJON
INTENSITET
INTUISJON
OPPFINNSOM
FØLELSE
SPONTAN
VISJONER
VITALITET

61 - Science Fiction

R	G	J	M	E	G	N	S	T	T	B	D	I	Q	U	E
E	S	P	A	K	P	A	L	Y	V	Ø	X	N	Q	R	K
A	N	R	C	S	P	L	L	X	E	K	M	N	T	E	S
L	F	O	K	T	T	E	A	A	R	E	Y	B	J	V	P
I	U	B	S	R	A	K	C	N	X	R	S	I	K	K	L
S	T	O	I	E	T	A	I	E	E	Y	T	L	M	F	O
T	U	T	T	M	O	R	F	D	I	T	I	T	A	R	S
I	R	E	S	E	M	O	S	R	G	C	S	L	P	J	J
S	I	R	A	Y	K	S	O	E	E	U	K	B	S	I	O
K	S	T	T	T	X	N	K	V	C	B	R	A	N	N	N
N	T	A	N	B	U	B	O	N	I	K	D	H	M	X	P
O	I	R	A	N	E	C	S	L	P	C	S	U	Y	A	J
Q	S	K	F	M	X	P	N	N	O	J	S	U	L	L	I
D	K	O	F	R	S	D	X	A	T	G	E	O	D	Q	B
R	Q	B	S	I	Y	D	Z	C	U	H	I	L	W	Q	S
P	C	K	F	V	Z	W	H	Z	I	C	Z	W	G	X	I

ATOM
KINO
EKSPLOSJON
EKSTREM
FANTASTISK
BRANN
FUTURISTISK
GALAXY
ILLUSJON
INNBILT
BØKER
VERDEN
MYSTISK
ORAKEL
PLANET
REALISTISK
ROBOTER
SCENARIO
TEKNOLOGI
UTOPI

62 - Professions #1

M	V	P	R	E	V	G	B	U	T	U	X	A	N	D	K
X	B	P	P	A	C	U	K	Z	G	Q	T	K	K	A	A
A	M	B	A	S	S	A	D	Ø	R	E	G	E	L	N	R
A	S	D	R	Ø	T	K	A	D	E	R	O	Z	K	S	T
B	G	U	L	L	S	M	E	D	N	O	L	L	M	E	O
D	A	R	Æ	N	I	R	E	T	E	V	O	Q	O	R	G
M	M	N	N	A	M	N	N	A	R	B	K	X	T	G	R
O	U	T	K	C	Y	K	Q	O	T	B	Y	H	S	J	A
N	X	S	X	I	J	E	G	E	R	O	S	T	O	E	F
O	A	I	I	R	E	K	S	R	O	F	P	C	E	R	P
R	V	N	I	K	N	R	E	I	E	L	P	E	K	Y	S
T	T	A	C	V	E	A	D	V	O	K	A	T	B	V	U
S	Y	I	K	G	R	R	E	G	G	E	L	R	Ø	R	E
A	J	P	R	O	V	C	V	F	H	C	T	B	J	Y	N
D	C	M	L	Y	S	X	I	R	Z	L	S	A	M	Y	Z
Q	H	M	Q	Z	J	P	K	W	M	O	O	Q	C	R	R

AMBASSADØR
ASTRONOM
ADVOKAT
BANKIER
GULLSMED
KARTOGRAF
JEGER
DANSER
TRENER
REDAKTØR
GEOLOG
SYKEPLEIER
LEGE
MUSIKER
PIANIST
RØRLEGGER
BRANNMANN
PSYKOLOG
FORSKER
VETERINÆR

63 - Géologie

K	K	O	J	K	D	E	V	Q	K	C	S	E	X	W	E
V	F	O	F	Q	I	C	Z	Å	T	A	L	P	N	Y	G
A	O	H	N	I	E	T	S	F	I	E	L	A	K	K	I
R	S	T	E	T	L	E	M	S	E	R	Y	S	V	N	Z
T	S	E	P	R	I	S	Y	E	G	O	W	R	I	A	O
S	I	F	B	E	I	N	T	L	A	S	U	P	N	U	O
L	L	L	A	L	Q	K	E	R	L	J	G	T	Z	F	M
W	T	X	C	A	X	O	A	N	E	O	E	X	R	I	K
H	U	L	E	R	D	R	M	N	T	N	X	X	S	D	A
E	A	H	L	E	W	A	T	J	Q	S	M	L	B	A	R
P	E	R	U	N	D	L	O	N	H	E	M	V	P	E	P
S	O	N	E	I	C	L	V	U	L	K	A	N	I	Z	X
X	K	O	F	M	C	R	Y	S	T	A	L	H	C	C	Y
S	T	A	L	A	K	T	I	T	T	E	P	L	L	Y	H
A	K	W	I	H	V	K	J	L	O	Y	V	H	B	Q	R
F	R	P	O	U	W	O	U	U	V	H	B	H	K	Y	S

SYRE
KALSIUM
HULE
KONTINENT
KORALL
LAG
CRYSTAL
EROSJON
SMELTET
FOSSILT
GEYSIR
LAVA
MINERALER
STEIN
PLATÅ
KVARTS
SALT
STALAKTITT
VULKAN
SONE

64 - Jardin

Y	K	U	T	T	B	G	F	K	I	L	C	M	E	Y	H
S	L	A	N	G	E	J	S	A	R	A	G	X	H	Q	A
S	S	H	F	K	S	E	G	A	H	T	K	U	R	F	G
E	W	E	E	Y	F	R	U	N	K	S	N	X	Q	T	E
R	D	R	R	N	J	D	I	I	R	M	E	L	H	P	L
G	S	J	C	G	G	E	E	I	U	O	B	F	L	I	T
K	J	O	H	W	U	E	I	M	Q	L	J	A	H	A	R
O	A	R	R	A	K	E	K	J	U	B	Z	F	E	R	A
V	K	D	N	M	W	D	Z	Ø	D	M	U	O	Y	V	M
P	L	E	N	O	Z	Y	K	B	Y	L	D	T	P	D	P
S	C	N	R	I	H	L	F	U	J	E	D	R	C	D	O
D	P	I	D	A	M	H	T	S	B	H	H	E	R	V	L
J	S	A	A	M	L	Y	A	K	T	Z	B	P	K	X	I
Z	X	O	D	T	E	R	R	A	S	S	E	Z	I	H	N
X	N	U	T	E	E	R	T	N	I	V	U	D	V	P	E
A	C	Y	V	S	I	K	I	U	B	P	I	D	L	F	D

TRE
BENK
BUSK
GJERDE
DAM
BLOMST
GARASJE
HENGEKØYE
GRESS
HAGE
UGRESS
SPADE
PLEN
RAKE
JORD
TERRASSE
TRAMPOLINE
SLANGE
FRUKTHAGE
VINTREET

65 - Santé et Bien Être #1

L	E	G	E	Z	I	T	E	R	A	P	I	Y	D	S	G
K	O	N	Q	A	A	B	D	E	W	Z	J	A	A	W	G
I	W	L	V	U	H	H	A	N	C	O	Q	G	Z	P	J
J	P	X	Q	W	Q	Z	K	O	C	Z	J	E	J	B	Y
S	I	J	O	U	U	L	S	M	M	E	D	I	S	I	N
Z	H	L	J	T	X	J	A	R	E	L	K	S	U	M	D
H	O	L	D	N	I	N	G	O	R	K	O	U	X	E	B
F	Q	V	D	A	I	H	X	H	K	Q	V	R	W	Z	E
S	J	L	U	B	B	E	H	A	N	D	L	I	N	G	I
K	U	O	R	A	S	K	O	E	F	V	A	V	T	Y	N
E	Q	L	B	K	K	I	N	I	L	K	P	M	K	K	X
L	Z	I	T	T	C	G	N	I	T	J	O	L	Z	M	A
F	L	O	L	E	D	Y	Ø	H	C	O	T	X	L	L	Y
E	N	A	V	R	M	U	M	K	H	R	E	U	Q	I	U
R	G	U	F	I	T	I	H	V	P	L	K	L	D	Y	Q
W	A	J	M	E	R	A	S	P	R	Z	E	L	C	F	B

AKTIV
BAKTERIE
SKADE
KLINIKK
SULT
BRUDD
VANE
HØYDE
HORMONER
LEGE
MEDISIN
MUSKLER
BEIN
HUD
APOTEK
HOLDNING
REFLEKS
TERAPI
BEHANDLING
VIRUS

66 - Barbecues

C	W	R	H	S	J	I	N	F	X	J	V	I	Q	V	Z
P	R	E	K	A	S	N	N	Ø	R	G	A	K	K	W	T
O	D	T	K	L	Y	Z	F	H	O	E	R	M	Q	O	Z
I	O	A	I	T	P	L	X	L	Ø	K	M	A	A	M	U
S	N	M	S	N	J	V	Y	X	G	J	T	M	A	A	Y
P	V	O	U	Y	K	P	G	M	N	A	T	Q	O	H	Q
Z	L	T	M	G	D	S	N	K	M	K	U	E	S	S	P
F	R	U	K	T	V	M	I	D	D	A	G	A	J	J	F
E	L	L	I	R	G	M	L	D	Q	B	I	J	S	D	S
I	F	U	L	M	L	B	L	P	E	P	P	E	R	X	H
L	U	N	S	J	S	Y	Y	L	D	G	N	Q	E	U	O
I	S	W	K	T	A	L	K	N	I	V	E	R	T	H	X
M	M	U	D	F	U	R	Y	N	F	P	V	Y	A	Q	Q
A	A	A	L	R	S	S	G	H	S	Q	S	G	L	O	E
F	C	N	E	T	R	U	I	O	T	B	X	K	A	B	M
C	A	Y	Y	P	M	M	A	B	A	R	N	B	S	S	N

VARMT
KNIVER
LUNSJ
MIDDAG
BARN
SOMMER
SULT
FAMILIE
FRUKT
GRILLE
SPILL
GRØNNSAKER
MUSIKK
LØK
PEPPER
KYLLING
SALATER
SAUS
SALT
TOMATER

67 - Forêt Tropicale

I	G	O	V	E	R	L	E	V	E	L	S	E	L	R	V
L	N	Y	G	T	Z	G	T	J	Z	C	H	T	F	E	E
J	I	S	L	G	K	D	G	M	O	S	E	Q	D	S	R
J	R	Y	E	Z	I	U	N	V	E	S	P	L	E	P	D
C	A	G	G	K	B	H	I	O	C	T	U	M	J	E	I
V	V	S	N	S	T	F	R	E	L	G	U	F	S	K	F
I	E	T	U	V	Q	E	E	L	F	B	K	Z	Y	T	U
U	B	O	J	O	L	Z	R	Y	D	E	T	T	A	P	L
R	O	Y	J	V	O	W	U	K	R	I	T	I	Z	U	L
F	A	S	K	S	I	N	A	T	O	B	U	L	C	G	D
O	E	R	A	T	K	G	T	M	A	N	G	F	O	L	D
L	R	A	T	L	F	Y	S	N	K	O	B	A	S	R	Y
K	F	W	G	G	Q	F	E	H	L	N	A	T	U	R	O
A	M	F	I	B	I	E	R	R	I	W	K	U	B	Q	I
S	A	M	F	U	N	N	E	T	M	P	P	S	P	V	R
T	I	L	F	L	U	K	T	X	A	F	G	P	V	K	G

AMFIBIER
BOTANISK
KLIMA
SAMFUNNET
MANGFOLD
ART
URFOLK
INSEKTER
JUNGEL
PATTEDYR
MOSE
NATUR
SKYER
FUGLER
VERDIFULL
BEVARING
TILFLUKT
RESPEKT
RESTAURERING
OVERLEVELSE

68 - Ferme #1

F	Q	X	R	F	B	Z	X	X	S	H	U	N	D	H	I
K	D	V	V	P	R	N	K	Q	U	L	V	O	R	Z	H
K	Y	L	L	I	N	G	A	H	T	K	E	S	V	J	J
U	K	Y	A	J	N	H	T	A	N	B	D	I	K	M	V
R	X	O	K	M	K	A	T	V	S	F	V	B	T	M	A
B	K	R	L	V	A	N	N	H	E	S	T	R	Z	Z	I
D	T	L	E	F	F	X	O	O	I	U	B	P	M	V	B
N	H	P	S	K	Y	O	P	B	B	P	W	D	B	K	U
A	O	R	E	G	J	Ø	D	S	E	L	R	X	D	F	A
L	N	R	O	D	J	O	H	X	K	K	T	R	D	Z	V
F	N	R	I	V	L	O	U	A	Å	Q	M	T	G	Z	N
U	I	H	Z	S	M	H	O	O	R	N	T	O	K	I	D
S	N	M	L	E	L	E	G	D	K	O	D	N	A	O	G
O	G	Q	B	P	Z	M	S	R	W	G	T	Y	Z	Y	E
C	J	D	U	T	H	V	V	O	E	T	R	V	S	Y	I
A	Z	S	C	J	A	Y	O	J	G	J	E	R	D	E	T

BIE
LANDBRUK
ESEL
BISON
FELT
KATT
HEST
GEIT
HUND
GJERDE
KRÅKE
VANN
GJØDSEL
HØY
HONNING
KYLLING
RIS
FLOKK
KU
KALV

69 - Antarctique

C	T	U	W	Q	M	T	O	P	O	G	R	A	F	I	E
I	E	T	E	N	I	E	T	S	D	B	U	S	S	P	F
Q	M	S	J	O	N	U	G	Q	K	U	B	U	K	T	O
R	P	V	A	J	E	V	P	B	O	F	D	A	E	U	R
N	E	A	L	S	R	R	A	M	N	J	U	E	X	P	S
L	R	N	D	A	A	W	T	S	T	J	O	G	K	L	K
O	A	N	A	R	L	Q	M	Y	I	H	E	I	L	I	E
A	T	V	I	G	E	T	G	P	N	P	A	E	X	E	R
J	U	M	H	I	R	T	T	D	E	A	T	L	N	X	R
R	R	X	X	M	B	X	E	R	N	C	K	J	V	A	P
G	E	O	G	R	A	F	I	I	T	H	D	R	P	Ø	X
C	Y	B	I	H	W	V	U	S	V	U	D	L	Z	J	Y
T	Ø	O	X	D	N	B	E	V	A	R	I	N	G	L	G
P	E	H	G	I	L	E	P	A	K	S	N	E	T	I	V
I	I	S	B	R	E	E	R	X	L	I	M	S	E	M	S
E	K	S	P	E	D	I	S	J	O	N	P	U	B	J	L

BUKT
HVAL
FORSKER
BEVARING
KONTINENT
VANN
MILJØ
EKSPEDISJON
GEOGRAFI
IS
ISBREER
ØYER
MIGRASJON
MINERALER
FUGLER
HALVØY
STEINETE
VITENSKAPELIG
TEMPERATUR
TOPOGRAFI

70 - Professions #2

F	B	V	D	L	A	S	A	X	B	Y	S	L	W	V	L
Q	S	X	P	E	O	G	G	V	I	T	K	E	T	E	D
E	O	S	F	G	M	T	Z	O	B	B	N	D	P	A	X
D	O	O	L	E	A	T	S	I	L	A	N	R	U	O	J
Y	Y	C	I	G	L	Z	U	I	I	O	O	E	Y	O	D
C	S	G	N	E	E	A	B	F	O	S	O	L	I	F	H
I	R	J	G	L	R	V	X	T	T	F	R	Z	K	Q	B
N	N	H	V	N	S	U	R	R	E	X	K	U	L	N	Z
G	L	C	I	N	D	H	O	Q	K	S	O	I	Z	H	B
E	Æ	D	S	A	H	U	S	F	A	R	G	O	T	O	F
N	R	K	T	T	Y	O	C	Y	R	E	N	T	R	A	G
I	E	X	I	I	L	L	U	S	T	R	A	T	Ø	R	Q
Ø	R	H	P	R	E	N	N	I	F	P	P	O	U	C	W
R	K	J	L	T	U	A	N	O	R	T	S	A	P	M	A
T	P	I	L	O	T	R	E	K	S	R	O	F	H	D	L
G	B	I	O	L	O	G	G	G	O	Q	N	U	O	Q	J

ASTRONAUT
BIBLIOTEKAR
BIOLOG
FORSKER
KIRURG
TANNLEGE
DETEKTIV
LÆRER
ILLUSTRATØR
INGENIØR
OPPFINNER
GARTNER
JOURNALIST
LINGVIST
LEGE
MALER
FILOSOF
FOTOGRAF
PILOT
ZOOLOG

71 - Les Abeilles

B	M	A	N	G	F	O	L	D	E	F	O	L	B	T	H
O	L	B	C	J	K	C	I	N	C	C	Y	R	W	G	U
A	K	O	D	H	H	J	U	A	X	C	T	Q	K	C	K
J	R	S	M	B	L	O	M	S	T	R	E	T	W	U	W
B	G	L	R	S	X	A	C	F	R	I	N	T	H	S	B
T	V	F	E	O	T	A	T	I	B	A	H	W	L	N	D
Z	N	K	V	T	E	E	R	G	X	X	R	W	K	N	T
Q	F	U	S	H	R	R	R	E	T	N	A	L	P	T	O
U	S	I	N	S	E	K	T	O	G	B	C	Z	N	A	I
G	N	I	N	N	O	R	D	B	I	K	U	B	E	L	I
N	U	H	A	G	E	M	A	T	R	C	Y	X	K	I	K
I	C	N	E	L	L	O	P	R	E	G	N	I	V	H	B
N	D	H	S	K	O	V	M	A	Ø	P	A	Z	H	E	X
N	G	C	L	T	S	D	G	Y	U	Y	V	Z	D	R	Q
O	R	E	B	F	I	F	R	U	K	T	K	U	Y	R	M
H	G	Q	C	K	K	G	Ø	K	O	S	Y	S	T	E	M

VINGER
GUNSTIG
VOKS
MANGFOLD
SVERM
ØKOSYSTEM
BLOMSTRE
BLOMSTER
FRUKT
RØYK

HABITAT
INSEKT
HAGE
HONNING
MAT
PLANTER
POLLEN
DRONNING
BIKUBE
SOL

72 - Santé et Bien Être #2

B	Y	U	J	K	A	H	C	B	A	F	M	N	D	M	V
V	A	P	H	R	N	Y	O	L	R	B	A	B	E	A	I
P	X	I	X	D	A	G	G	O	N	L	M	X	H	S	T
E	M	P	Y	K	T	I	T	D	V	R	O	S	Y	S	A
K	R	O	P	P	O	E	T	C	C	V	Y	S	D	A	M
R	C	W	D	U	M	N	I	G	R	E	N	E	R	S	I
S	X	Y	K	K	I	E	T	N	I	B	N	R	E	J	N
Q	X	J	D	K	Y	U	E	I	F	O	U	T	R	E	Y
C	B	X	N	I	P	S	P	R	D	E	S	S	I	N	V
Q	V	M	M	T	A	A	P	Æ	A	I	K	E	N	R	Y
Q	Q	L	I	E	V	Z	A	N	L	R	E	S	G	H	D
F	I	C	P	N	G	K	D	R	L	O	G	T	J	U	Q
V	S	Y	K	E	H	U	S	E	E	L	W	F	T	O	C
E	R	I	X	G	J	X	N	L	R	A	D	K	I	H	N
K	R	T	Z	B	I	S	L	P	G	K	V	G	J	V	I
T	Y	R	I	U	X	C	I	C	I	Q	S	G	U	U	P

ALLERGI
ANATOMI
APPETITT
KALORI
KROPP
DEHYDRERING
DIETT
ENERGI
GENETIKK
SYKEHUS
HYGIENE
INFEKSJON
SYKDOM
MASSASJE
ERNÆRING
VEKT
SUNN
BLOD
STRESS
VITAMIN

73 - Conduite

C	U	T	P	M	R	D	Y	U	P	I	N	F	H	Y	G
W	O	U	Q	Q	N	R	K	H	K	O	W	D	K	E	A
O	L	N	W	H	B	M	X	K	G	A	L	L	S	Y	R
F	O	T	G	J	E	N	G	E	R	H	E	I	P	D	A
B	Y	Q	T	R	L	I	S	E	N	S	K	B	T	R	S
I	U	E	R	U	J	E	Y	Q	J	B	K	E	T	I	J
L	V	C	A	K	N	P	J	G	P	R	Y	T	R	T	E
U	L	Y	K	K	E	N	T	J	T	E	S	S	A	H	G
T	J	D	K	L	P	Q	E	M	R	M	R	A	F	A	D
W	U	Z	C	T	K	F	R	L	A	S	O	L	I	S	H
Y	V	V	F	X	T	L	A	T	N	E	T	E	K	T	E
V	D	N	E	U	R	U	B	Z	S	R	O	S	K	I	B
G	A	S	S	F	A	R	E	S	P	H	M	N	P	G	D
V	N	Y	R	M	J	C	O	J	O	Q	F	E	C	H	F
T	E	H	R	E	K	K	I	S	R	E	D	R	Q	E	R
R	L	I	M	O	T	O	R	C	T	L	I	B	A	T	F

ULYKKE
LASTEBIL
BRENSEL
KART
FARE
BREMSER
GARASJE
GASS
LISENS
MOTOR
MOTORSYKKEL
FOTGJENGER
POLITI
VEI
SIKKERHET
TRAFIKK
TRANSPORT
TUNNEL
HASTIGHET
BIL

74 - Plantes

K	B	F	W	Y	M	Z	Z	B	Ø	N	N	E	L	G	V
N	R	O	L	E	F	Ø	Y	M	R	O	B	M	G	J	J
M	A	O	T	O	K	Q	Q	I	W	I	U	Y	T	Ø	Y
D	V	C	N	A	R	G	R	E	S	S	S	C	X	D	A
H	A	G	E	B	N	A	G	N	Y	W	K	G	R	S	N
Q	H	Q	T	S	L	I	N	B	Z	K	I	N	U	E	B
I	V	Y	L	Q	N	A	K	B	A	M	B	U	S	L	A
E	I	B	R	R	O	Z	D	K	L	Ø	V	V	E	R	K
I	N	Æ	R	R	J	T	R	E	P	X	F	J	Q	S	B
A	G	R	C	O	S	Q	F	R	R	K	Q	R	A	Q	H
E	X	E	S	T	A	E	I	G	C	A	C	R	M	A	Z
S	K	O	G	S	T	W	V	Z	P	K	A	H	O	N	D
E	W	I	J	M	E	S	J	C	S	T	U	C	S	W	G
T	B	I	D	O	G	T	N	N	L	U	R	P	E	G	F
N	P	Q	G	L	E	D	T	Q	Z	S	B	P	M	E	J
R	W	R	X	B	V	O	K	S	E	Q	H	A	R	L	Q

TRE
BÆR
BAMBUS
BOTANIKK
BUSK
KAKTUS
GJØDSEL
LØVVERK
BLOMST
FLORA
SKOG
VOKSE
BØNNE
GRESS
HAGE
EFØY
MOSE
KRONBLAD
ROT
VEGETASJON

75 - Ferme #2

F	A	L	K	D	W	L	W	X	N	H	F	A	H	D	T
L	B	R	Q	L	C	K	F	U	K	M	V	S	B	J	R
F	R	X	X	W	Z	J	G	S	Y	X	Z	E	K	X	A
S	L	E	V	R	R	T	I	A	G	G	Y	B	T	Q	K
G	R	Ø	N	N	S	A	K	U	R	M	A	U	P	E	T
N	V	I	R	W	C	M	F	U	U	W	M	K	Y	V	O
E	N	F	O	M	R	A	R	B	R	A	D	I	U	Å	R
D	E	R	K	A	Q	L	S	Z	S	F	N	B	D	L	W
N	D	U	Q	T	Q	T	D	Z	V	V	X	L	S	Y	Y
O	D	K	J	V	E	I	Z	U	K	V	E	J	A	H	G
B	Y	T	X	G	L	F	U	T	M	E	L	K	J	M	J
L	R	H	A	O	O	X	Q	J	H	Y	R	D	E	X	E
M	S	A	I	V	O	W	K	L	G	N	I	N	N	A	V
R	W	G	J	P	P	U	U	N	R	V	I	A	M	S	R
Y	J	E	A	V	U	R	D	C	T	W	I	W	X	C	N
C	E	G	F	W	M	T	W	H	P	C	W	P	R	O	L

LAM
BONDE
DYR
HYRDE
HVETE
AND
FRUKT
LÅVE
VANNING
MELK
LAMA
GRØNNSAK
KORN
SAU
MAT
BYGG
ENG
BIKUBE
TRAKTOR
FRUKTHAGE

76 - Vacances #2

D	H	Z	W	D	A	Q	D	Q	X	H	M	C	K	V	G
K	E	A	P	F	G	K	Q	J	S	T	L	E	T	I	J
C	J	S	V	Y	E	D	I	T	I	R	F	Z	G	S	S
L	L	E	T	O	H	R	O	Y	Z	A	L	M	B	U	Q
E	M	D	X	I	G	T	I	R	G	N	Y	Ø	N	M	E
X	F	I	W	H	N	N	F	E	O	S	P	I	U	Q	G
J	Q	J	V	O	I	A	E	B	T	P	L	H	W	V	N
T	S	W	S	V	P	R	S	V	U	O	A	T	A	X	I
K	A	R	T	J	M	U	S	J	D	R	S	L	R	G	D
N	X	L	L	Q	A	A	A	G	O	T	S	H	J	Y	N
E	S	K	K	H	C	T	P	Y	K	N	E	K	F	P	E
S	T	R	A	N	D	S	E	N	Z	G	N	A	Y	K	L
I	V	G	P	R	W	E	N	C	C	N	R	R	M	T	T
E	F	Y	F	B	I	R	L	A	D	D	U	T	T	V	U
R	E	S	E	R	V	A	S	J	O	N	E	R	H	M	M
D	A	N	K	S	H	R	V	N	Q	E	Y	Y	T	N	L

FLYPLASSEN
CAMPING
KART
DESTINASJON
UTLENDING
HOTELL
ØY
FRITID
HAV
PASS
STRAND
RESTAURANT
RESERVASJONER
TAXI
TELT
TOG
TRANSPORT
FERIE
VISUM
REISE

77 - Temps

Z	T	H	O	F	M	I	N	U	T	T	S	T	M	T	W
D	A	G	G	R	Å	K	P	L	Y	L	N	L	G	I	G
V	J	Z	I	E	K	K	O	L	K	G	A	E	G	Å	L
P	M	X	P	M	S	Y	P	F	C	N	R	F	C	R	T
P	S	Z	X	T	Z	F	K	Ø	L	Y	T	O	A	L	P
M	J	U	B	I	G	Z	V	R	E	T	T	E	U	O	Y
N	I	J	G	D	Å	R	H	U	N	D	R	E	B	Y	C
W	N	D	H	N	K	N	P	T	L	Y	A	V	Y	I	U
J	F	M	D	Å	M	W	U	K	E	J	T	B	R	Y	G
G	D	G	H	A	V	V	D	M	J	T	Y	B	E	H	C
Z	C	N	A	B	G	T	Y	N	J	N	I	F	D	Z	A
M	Å	N	E	D	I	S	J	H	T	B	K	M	N	V	M
D	K	L	Q	G	L	X	T	N	A	T	T	F	E	R	B
D	Q	A	P	T	R	Å	G	I	P	N	P	A	L	Z	T
W	Q	R	F	K	Å	O	X	H	D	R	G	B	A	G	F
U	B	N	Z	V	P	G	M	I	T	B	I	Q	K	X	P

ÅR
ÅRLIG
ETTER
FØR
SNART
KALENDER
TIÅR
FREMTID
TIME
I GÅR
KLOKKE
DAG
NÅ
MORGEN
MIDDAGSTID
MINUTT
MÅNED
NATT
UKE
ÅRHUNDRE

78 - Maison

N	B	W	G	O	E	K	K	J	Ø	K	K	E	N	G	E
Z	T	I	N	G	E	O	A	S	K	U	Q	P	P	J	C
R	F	F	B	L	D	S	T	P	P	P	W	M	P	E	X
E	O	K	O	L	N	T	E	S	K	J	S	A	B	R	G
N	L	M	J	N	I	S	S	O	P	F	B	L	W	D	C
I	I	Z	X	E	X	O	A	H	B	D	I	I	I	E	T
D	E	G	A	H	L	M	T	H	H	U	K	A	T	Y	E
R	P	H	Q	O	J	L	P	E	J	S	A	R	A	G	P
A	S	R	W	G	N	D	E	U	K	J	B	X	P	Z	P
G	V	B	N	K	A	G	W	R	E	L	K	Ø	N	B	E
Q	I	S	R	X	B	M	V	X	M	S	H	P	X	Y	O
Z	N	E	Z	D	Z	H	B	W	Z	G	G	E	V	H	C
J	D	N	Y	I	A	W	B	Y	J	W	V	I	N	G	U
O	U	C	R	C	V	V	W	D	E	O	I	S	I	D	H
H	A	X	L	Z	B	Q	X	D	Ø	R	N	J	M	F	J
T	A	U	J	Y	D	U	C	C	C	U	U	M	C	M	V

KOST
BIBLIOTEK
ROM
PEIS
NØKLER
GJERDE
KJØKKEN
DUSJ
VINDU
GARASJE
LOFT
HAGE
LAMPE
SPEIL
VEGG
DØR
GARDINER
KJELLER
TEPPE
TAK

79 - Légumes

R	L	N	O	B	A	I	P	G	M	D	M	Q	A	N	D
E	D	N	L	R	U	T	P	V	T	K	N	Q	D	H	D
D	U	E	I	O	B	M	I	P	Z	X	A	D	E	B	T
D	N	P	V	K	E	E	K	K	O	J	S	I	T	R	A
I	I	E	E	K	R	G	Ø	Ø	G	S	H	N	R	Y	N
K	T	O	N	O	G	T	L	L	D	E	C	G	E	C	I
E	L	F	C	L	I	W	T	T	N	L	G	E	E	O	P
L	Ø	K	R	I	N	K	T	I	N	L	I	F	L	Y	S
L	V	H	G	H	E	U	O	V	L	E	P	Æ	A	P	G
I	O	J	L	C	M	V	L	H	R	R	W	R	C	H	L
S	S	B	X	L	I	A	A	W	X	I	V	U	C	T	U
R	L	L	L	M	L	U	J	G	R	E	S	S	K	A	R
E	F	X	L	M	Y	M	S	F	U	Z	R	M	L	M	G
P	S	A	L	A	T	O	R	L	U	G	Q	V	V	O	L
J	A	G	U	R	K	H	Y	L	F	N	I	I	B	T	R
A	A	F	L	X	J	E	B	S	A	C	Y	L	A	G	K

HVITLØK
ARTISJOKK
AUBERGINE
BROKKOLI
GULROT
SELLERI
SOPP
GRESSKAR
AGURK
SJALOTTLØK

SPINAT
INGEFÆR
NEPE
LØK
OLIVEN
PERSILLE
ERT
REDDIK
SALAT
TOMAT

80 - Famille

W	X	D	S	N	H	Q	B	W	I	R	O	K	E	C	V
N	N	A	M	E	T	K	E	A	E	X	T	W	L	A	W
T	O	T	N	V	Y	S	N	M	R	A	F	V	Z	F	X
A	D	T	P	Ø	I	Q	O	O	O	N	O	N	K	E	L
N	F	E	S	E	I	N	K	R	M	O	E	I	S	B	E
T	H	R	A	F	M	A	T	S	E	L	G	B	S	X	B
E	L	K	T	P	H	S	M	T	T	S	F	K	A	G	L
T	A	M	Z	G	C	Z	N	X	S	P	Ø	L	H	R	T
P	G	U	V	N	F	V	H	I	E	Z	B	S	I	Q	N
M	R	W	K	K	M	S	M	H	B	R	E	T	T	E	F
F	A	D	E	R	L	I	G	H	B	B	S	Z	S	E	C
I	F	D	U	M	R	L	E	I	A	I	T	S	Z	E	R
B	A	R	N	D	O	M	B	R	R	M	E	C	V	Z	K
V	K	T	J	W	P	Q	K	R	N	O	F	T	V	F	Q
O	J	F	T	R	S	Z	N	L	O	R	A	O	C	K	P
Y	D	I	K	T	K	P	D	F	J	R	R	H	I	N	L

STAMFAR
FETTER
BARNDOM
BARN
KONE
DATTER
BROR
BESTEMOR
BESTEFAR
EKTEMANN
MORS
MOR
NEVØ
NIESE
ONKEL
FADERLIG
BARNEBARN
FAR
SØSTER
TANTE

81 - Oiseaux

Q	Y	W	W	E	F	L	B	H	S	A	W	I	V	T	R
L	U	D	U	M	V	C	R	L	V	M	N	G	J	Ø	K
F	H	M	U	P	L	X	I	Q	A	O	V	D	C	S	R
E	N	Y	I	E	R	M	M	R	N	P	A	G	Z	F	O
P	A	P	E	G	Ø	Y	E	N	E	V	R	U	P	S	T
T	C	J	O	V	V	E	S	G	N	I	L	L	Y	K	S
M	U	F	E	D	N	D	Z	M	R	A	U	P	T	G	Z
D	O	G	N	I	M	A	L	F	Ø	C	Y	L	M	A	X
J	T	T	C	P	Å	A	T	N	I	V	G	N	I	P	V
D	Z	H	N	A	K	I	L	E	P	U	Å	W	B	V	Z
Z	W	E	P	U	E	Z	P	W	R	Å	S	F	K	Y	E
G	S	G	G	E	D	X	S	X	E	B	F	D	D	W	V
N	G	R	U	U	T	A	N	R	C	W	F	U	C	D	Q
P	B	E	S	T	R	U	T	S	X	N	D	V	G	H	Y
B	L	W	K	E	T	R	H	R	R	W	I	G	D	L	F
E	P	S	O	G	Z	R	W	M	N	B	S	S	U	I	A

ØRN
STRUTS
AND
STORK
DUE
RAVN
GJØK
SVANEN
FLAMINGO
HEGRE
PINGVIN
SPURV
MÅKE
EGG
GÅS
PÅFUGL
PAPEGØYE
PELIKAN
KYLLING
TOUCAN

82 - Disciplines Scientifiques

N	I	E	A	C	S	L	I	M	O	T	A	N	A	B	P
H	D	L	D	Z	Y	Z	M	D	D	E	H	P	A	I	S
A	E	T	C	U	X	P	M	I	V	R	W	R	Q	O	Y
B	I	O	L	O	G	I	U	H	A	M	R	K	L	K	K
S	E	O	E	K	K	I	N	A	T	O	B	M	P	J	O
J	W	I	G	O	L	O	O	Z	M	D	N	E	M	E	L
Z	G	G	G	N	J	R	L	Z	E	Y	E	T	I	M	O
G	E	O	L	O	G	I	O	O	K	N	V	E	N	I	G
C	U	L	G	C	M	M	G	X	A	A	R	O	E	G	I
H	I	O	Z	R	H	E	I	D	N	M	O	R	R	O	T
U	K	I	Z	N	Q	J	X	Z	I	I	L	O	A	L	M
F	Y	S	O	R	T	K	P	P	K	K	O	L	L	O	H
I	G	O	L	O	E	K	R	A	K	K	G	O	O	K	Z
F	Y	S	I	O	L	O	G	I	P	O	I	G	G	Ø	A
O	L	U	A	S	T	R	O	N	O	M	I	I	I	L	E
L	I	N	G	V	I	S	T	I	K	K	U	U	T	T	J

ANATOMI
ARKEOLOGI
ASTRONOMI
BIOKJEMI
BIOLOGI
BOTANIKK
KJEMI
ØKOLOGI
GEOLOGI
IMMUNOLOGI
LINGVISTIKK
MEKANIKK
METEOROLOGI
MINERALOGI
NEVROLOGI
FYSIOLOGI
PSYKOLOGI
SOSIOLOGI
TERMODYNAMIKK
ZOOLOGI

83 - Maladie

F	N	U	K	H	B	M	T	S	F	J	Q	L	I	Q	T
Y	S	K	G	H	J	T	U	F	B	G	I	Q	G	T	V
K	M	H	R	M	O	E	N	E	I	E	V	T	F	U	L
A	O	I	T	A	P	O	R	V	E	N	I	T	L	R	D
V	R	N	Y	B	P	H	Y	T	I	Y	Z	U	U	I	J
S	D	V	B	W	O	E	S	L	E	H	W	K	M	G	U
G	N	I	E	B	R	M	A	H	U	Y	J	A	B	K	B
E	Y	S	R	L	K	B	R	G	M	N	R	P	A	G	O
N	S	B	M	E	I	P	A	R	E	T	G	C	R	M	O
E	A	C	L	J	O	G	C	P	E	R	T	E	U	O	O
T	E	T	I	N	U	M	M	I	K	R	O	N	I	S	K
I	I	B	E	T	E	N	N	E	L	S	E	C	C	T	P
S	L	R	B	M	C	Y	G	O	D	H	J	N	Z	T	P
K	B	E	D	F	A	L	L	E	R	G	I	A	E	I	E
W	P	G	E	E	E	P	L	S	P	T	V	G	A	M	Q
V	E	L	V	Æ	R	E	D	W	R	E	Q	X	C	S	C

AKUTT
ALLERGI
VELVÆRE
KRONISK
SMITTSOM
KROPP
HJERTE
SVAK
GENETISK
ARVELIG
IMMUNITET
BETENNELSE
LUMBAR
NEVROPATI
BEIN
LUNGE
LUFTVEIENE
HELSE
SYNDROM
TERAPI

84 - Univers

S	O	L	V	E	R	V	K	U	B	T	Z	O	Q	Y	C
E	P	D	G	H	B	H	R	E	A	V	R	P	Y	X	A
N	K	U	N	L	B	I	M	O	N	O	R	T	S	A	S
S	M	N	P	P	D	A	R	G	E	D	G	N	E	L	T
W	V	H	W	M	O	N	O	R	T	S	A	D	L	A	E
B	N	R	P	A	X	T	T	E	R	Y	P	A	U	G	R
T	R	L	I	K	I	A	A	R	Q	N	M	E	K	H	O
E	Q	E	K	R	Ø	M	V	Æ	D	L	C	W	V	O	I
L	W	M	D	U	M	K	K	F	P	I	Z	M	L	R	D
E	Y	M	W	D	V	G	E	S	M	G	E	Å	A	I	E
S	D	I	X	Y	E	U	T	O	I	P	X	N	H	S	C
K	L	H	R	P	D	G	L	M	G	M	S	E	C	O	D
O	K	T	I	B	C	W	R	T	D	L	S	O	I	N	M
P	O	W	M	R	I	F	Y	A	Q	F	I	O	L	T	A
D	I	D	F	W	N	S	G	U	D	R	X	O	K	A	P
X	T	D	Y	R	E	K	R	E	T	S	E	N	M	F	R

ASTEROIDE
ASTRONOM
ASTRONOMI
ATMOSFÆRE
HIMMEL
KOSMISK
EKVATOR
GALAXY
HALVKULE
HORISONT
BREDDEGRAD
LENGDEGRAD
MÅNE
MØRKE
BANE
SOLAR
SOLVERV
TELESKOP
SYNLIG
DYREKRETSEN

85 - Géographie

H	D	D	D	K	Z	V	A	H	A	T	L	A	S	T	U
U	A	Y	O	A	K	E	E	L	V	S	H	Z	G	L	B
C	R	L	Y	R	E	S	F	J	E	L	L	C	Y	S	Y
Z	G	W	V	T	I	T	T	I	N	J	Q	X	I	D	V
L	E	J	A	K	X	H	M	L	E	W	Z	I	P	L	B
S	D	R	O	N	U	B	Y	E	D	Y	Ø	H	N	G	B
Q	D	N	A	L	X	L	I	J	R	Ø	O	F	W	Z	L
F	E	A	Q	V	R	Z	E	J	E	I	U	Y	L	P	N
F	R	R	M	X	G	H	M	M	V	S	D	G	P	G	H
C	B	M	E	F	K	Q	T	R	Z	D	W	I	N	X	M
V	E	U	J	G	X	W	O	K	P	M	L	E	A	G	C
M	B	N	M	U	I	R	O	T	I	R	R	E	T	N	E
M	F	G	Z	I	P	O	O	X	U	E	G	Y	F	X	W
T	M	T	S	J	D	T	N	E	N	I	T	N	O	K	S
N	B	G	X	A	W	Y	R	Q	I	M	I	U	T	P	Ø
L	E	N	G	D	E	G	R	A	D	B	Y	X	C	K	R

HØYDE
ATLAS
KART
KONTINENT
ELV
HALVKULE
ØY
BREDDEGRAD
LENGDEGRAD
HAV

MERIDIAN
VERDEN
FJELL
NORD
VEST
LAND
REGION
SØR
TERRITORIUM
BY

86 - Danse

A	K	T	K	F	X	X	M	H	J	H	A	B	T	E	K
T	K	K	F	O	B	M	H	C	Y	M	M	E	D	Å	N
O	I	A	O	S	R	R	O	C	C	G	V	V	V	Y	B
K	S	Q	D	B	Q	E	Ø	V	I	N	G	E	I	W	L
T	U	T	I	E	S	O	O	R	M	D	B	G	S	Z	L
K	M	N	H	Z	M	S	K	G	I	E	X	E	U	Q	U
J	Q	G	S	V	P	I	U	N	R	Q	U	L	E	D	F
C	F	I	Z	T	K	G	L	I	N	A	E	S	L	N	S
F	Ø	L	E	L	S	E	T	N	O	B	F	E	L	E	K
K	G	E	M	T	I	C	U	D	S	Q	R	I	E	X	K
U	H	D	T	B	S	U	R	L	M	Q	A	F	U	W	Y
L	H	E	Y	Q	S	W	E	O	S	A	M	B	O	E	R
T	O	L	R	J	A	U	L	H	E	G	K	R	Y	P	T
U	P	G	T	M	L	O	L	B	J	C	N	O	T	B	T
R	P	P	O	R	K	M	Z	R	W	R	N	T	J	Z	U
U	E	T	R	A	D	I	S	J	O	N	E	L	L	X	J

AKADEMI
KUNST
KOREOGRAFI
KLASSISK
KROPP
KULTUR
KULTURELL
UTTRYKKSFULL
FØLELSE
NÅDE
GLEDELIG
BEVEGELSE
MUSIKK
SAMBOER
HOLDNING
ØVING
RYTME
HOPPE
TRADISJONELL
VISUELL

87 - Bâtiments

C	X	S	M	V	O	A	I	Q	L	K	K	W	P	V	A
G	G	T	U	C	B	R	L	M	M	E	I	H	M	V	M
S	C	A	E	H	S	D	Å	M	U	M	N	I	S	E	B
S	H	D	S	U	E	E	V	U	I	W	O	C	V	H	A
W	T	I	U	T	R	K	E	Y	R	L	J	H	P	O	S
Y	V	O	M	V	V	R	Y	L	O	O	X	P	M	T	S
F	B	N	Q	G	A	A	N	S	T	T	O	L	S	E	A
T	A	L	Q	Q	T	M	F	B	A	E	T	F	E	L	D
F	E	E	V	H	O	R	C	C	R	L	A	P	V	L	E
G	Q	L	H	Y	R	E	B	C	O	O	G	T	I	I	F
H	Q	M	T	T	I	P	E	V	B	K	T	V	E	T	A
I	Q	Y	W	T	U	U	H	C	A	S	Å	Z	A	R	B
I	G	U	L	E	M	S	S	Z	L	H	R	R	B	W	R
U	N	I	V	E	R	S	I	T	E	T	N	I	E	J	I
N	O	T	F	D	U	G	A	R	A	S	J	E	G	O	K
L	E	I	L	I	G	H	E	T	N	Q	G	K	H	K	K

AMBASSADE
LEILIGHET
HYTTE
SLOTT
KINO
SKOLE
GARASJE
LÅVE
SYKEHUS
HOTELL
LABORATORIUM
MUSEUM
OBSERVATORIUM
STADION
SUPERMARKED
TELT
TEATER
TÅRN
UNIVERSITET
FABRIKK

88 - Livres

T	R	A	G	I	S	K	H	D	U	A	L	I	T	E	T
Q	N	F	D	C	Z	S	S	I	Z	I	Y	L	E	H	B
H	H	A	S	E	R	I	E	E	S	S	R	M	Y	Z	S
X	S	A	M	L	I	N	G	V	O	T	J	H	U	I	Q
H	I	S	T	O	R	I	E	E	P	Q	O	F	P	L	P
L	I	T	T	E	R	Æ	R	N	P	M	Q	R	U	W	I
A	F	S	I	D	E	G	B	T	F	J	P	G	I	X	Q
A	M	K	R	U	I	W	U	Y	I	S	E	O	P	S	J
K	L	E	E	G	M	B	U	R	N	E	P	I	S	K	K
T	U	T	T	E	G	B	K	D	N	H	W	Q	V	Y	O
U	H	N	T	D	I	K	T	R	S	G	B	G	C	J	S
E	N	O	A	S	X	Q	I	O	O	L	S	Q	O	X	S
L	T	K	F	C	G	Y	V	O	M	L	C	Q	G	K	B
L	F	O	R	T	E	L	L	E	R	R	A	B	S	N	T
E	V	D	O	I	N	V	M	L	E	S	E	R	D	S	P
X	Z	I	F	H	U	M	O	R	I	S	T	I	S	K	I

FORFATTER
EVENTYR
SAMLING
KONTEKST
DUALITET
EPISK
HISTORIE
HISTORISK
HUMORISTISK
OPPFINNSOM
LESER
LITTERÆR
FORTELLER
SIDE
AKTUELL
DIKT
POESI
ROMAN
SERIE
TRAGISK

89 - Pays #2

D	N	R	Y	B	R	I	F	K	X	J	M	X	J	T	M
J	H	W	G	P	O	J	J	K	E	N	A	P	A	J	W
T	O	E	F	V	Y	H	I	T	G	N	X	P	M	K	X
F	Q	L	K	L	I	B	A	N	O	N	Y	U	A	I	V
K	V	A	R	I	Y	O	M	K	C	P	W	A	I	N	B
U	O	O	A	U	R	U	S	S	L	A	N	D	C	A	Q
T	O	S	M	P	H	K	D	U	Z	Q	W	J	A	R	L
E	H	V	N	Z	S	Q	N	A	T	S	I	K	A	P	X
A	D	N	A	G	U	T	A	A	I	N	A	B	L	A	B
I	B	F	D	W	D	N	L	I	R	B	K	H	M	V	U
M	V	O	R	N	A	D	R	L	J	F	L	F	T	I	K
J	E	P	K	N	N	N	I	A	S	Y	R	I	A	K	R
T	S	X	K	N	I	J	L	M	A	H	A	I	T	I	A
F	E	H	I	U	Z	Y	O	O	H	F	Y	L	O	E	I
Y	Z	G	P	C	C	J	W	S	Q	Y	F	C	F	M	N
F	H	G	X	K	O	I	N	D	O	N	E	S	I	A	A

ALBANIA
KINA
DANMARK
FRANKRIKE
HAITI
INDONESIA
IRLAND
JAMAICA
JAPAN
KENYA
LAOS
LIBANON
MEXICO
UGANDA
PAKISTAN
RUSSLAND
SOMALIA
SUDAN
SYRIA
UKRAINA

90 - Fournitures d'Art

Q	I	R	G	F	E	S	B	L	Y	A	N	T	E	R	U
U	A	D	P	V	Y	T	E	N	U	V	K	L	K	E	B
P	E	N	M	F	C	A	A	P	C	W	R	B	O	E	V
S	Z	N	W	S	H	F	O	F	C	S	E	Ø	Q	D	I
M	X	A	W	E	R	F	K	U	L	L	A	R	S	I	S
I	A	V	K	Z	J	E	K	J	S	K	T	S	N	L	K
L	L	L	P	R	Y	L	E	B	Y	Q	I	T	V	S	E
Q	D	U	I	M	Y	I	L	Z	N	E	V	E	C	U	L
B	V	Z	T	N	E	L	B	J	P	W	I	R	Y	A	Æ
M	S	C	D	S	G	L	E	I	R	E	T	B	X	P	R
Z	M	T	R	E	L	O	J	Q	I	U	E	K	W	A	E
N	E	X	O	J	D	E	O	D	P	K	T	X	X	R	G
S	R	S	B	L	H	B	A	Y	A	Q	P	P	Y	Q	R
Z	A	K	S	O	D	Z	J	G	P	Q	T	V	G	T	A
A	K	V	A	R	E	L	L	E	R	K	P	Y	F	O	F
D	J	A	X	N	K	A	M	E	R	A	Y	T	C	I	Q

AKRYL
AKVARELLER
LEIRE
BØRSTER
KAMERA
STOL
KULL
STAFFELI
LIM
FARGER

BLYANTER
KREATIVITET
VANN
BLEKK
VISKELÆR
OLJE
IDEER
PAPIR
MALING
BORD

91 - Eau

D	R	S	R	F	G	J	R	W	K	E	N	J	L	O	N
B	C	Q	X	G	N	I	N	P	M	A	D	R	O	F	E
D	W	I	Z	I	R	A	S	O	D	S	N	T	L	F	D
Z	S	L	J	T	H	N	R	L	V	M	W	A	T	I	R
P	N	Q	S	K	O	Q	P	T	S	O	P	F	L	A	F
Q	T	X	R	U	I	O	R	E	G	L	Ø	B	V	T	U
Y	D	A	R	F	N	S	E	U	X	F	Y	I	Q	M	F
C	U	P	B	A	N	U	G	C	G	U	O	G	E	K	J
T	S	O	R	F	X	D	N	N	O	K	U	R	Q	N	Z
P	J	D	A	M	P	S	U	G	S	T	Y	T	K	N	P
F	E	O	E	G	Ø	J	S	N	N	I	O	O	A	A	F
U	C	R	U	E	N	Z	N	I	Z	G	B	P	F	W	N
L	R	K	G	Y	S	V	O	N	K	H	C	D	N	C	O
U	Y	X	A	S	R	B	M	N	E	E	O	A	P	T	X
X	F	H	P	I	I	G	A	A	B	T	E	L	V	A	H
E	Z	Q	R	R	Z	T	Å	V	M	O	N	N	E	J	G

KANAL
DUSJ
FORDAMPNING
ELV
FROST
GEYSIR
IS
FUKTIG
FUKTIGHET
FLOM
VANNING
INNSJØ
MONSUN
SNØ
HAV
ORKAN
REGN
GJENNOMVÅT
BØLGER
DAMP

92 - Jazz

I	M	P	R	O	V	I	S	A	S	J	O	N	R	Y	Q
F	T	R	O	M	M	E	R	O	S	M	L	A	E	X	F
K	A	Z	Z	X	Y	M	S	T	V	U	O	G	N	A	S
U	O	V	Z	E	Z	T	P	U	R	S	U	N	T	L	I
Y	N	M	O	M	O	Y	M	S	L	I	C	I	S	K	W
E	H	U	P	R	H	R	L	T	R	K	W	N	N	E	X
S	E	V	H	O	I	K	K	I	N	K	E	T	U	F	I
A	S	I	O	M	N	T	O	L	O	S	N	E	K	G	T
R	Z	J	X	H	V	I	T	D	P	C	Y	S	L	M	F
H	I	W	A	R	E	T	S	E	K	R	O	N	C	A	H
F	H	P	T	N	E	L	A	T	R	D	D	E	E	R	W
P	J	I	O	V	G	X	Z	L	Q	U	D	M	Y	W	H
X	B	W	M	C	L	E	M	M	A	G	L	M	B	N	L
A	L	B	U	M	X	W	R	B	I	Y	T	A	F	Z	U
H	D	Y	K	O	N	S	E	R	T	O	V	S	D	R	N
L	Q	C	E	O	V	H	B	E	R	Ø	M	T	I	F	L

ALBUM
KUNSTNER
BERØMT
SANG
KOMPONIST
SAMMENSETNING
KONSERT
FAVORITTER
SJANGER
IMPROVISASJON
MUSIKK
NY
ORKESTER
RYTME
SOLO
STIL
TALENT
TROMMER
TEKNIKK
GAMMEL

93 - Paysages

G	E	Y	S	I	R	H	L	G	C	D	I	Z	T	E	B
U	F	O	E	M	V	R	N	I	V	A	S	Z	B	K	N
U	T	K	H	I	Q	X	P	C	D	L	B	O	U	N	F
D	M	N	N	B	F	J	V	H	N	A	R	D	N	U	T
X	X	B	E	H	U	L	E	M	A	S	E	N	Y	J	O
V	C	E	G	E	I	X	M	E	R	L	H	Z	P	J	G
N	A	R	N	A	K	L	U	V	T	Z	V	F	Z	T	U
D	N	X	I	Q	R	Y	G	U	S	Z	J	Ø	K	T	F
K	R	S	N	I	S	F	J	E	L	L	Ø	J	Y	I	H
F	W	V	N	V	B	S	H	G	H	S	Y	S	B	Y	F
J	X	O	U	W	L	X	O	H	A	V	P	N	E	L	V
Å	S	P	M	U	S	N	B	F	O	T	Q	N	R	S	I
M	B	Y	E	M	Ø	R	K	E	N	A	S	I	X	Y	T
P	T	F	V	P	B	R	H	W	C	U	S	Z	P	A	I
F	J	E	L	L	G	L	G	S	E	J	J	E	D	I	O
L	D	V	E	O	B	C	I	Z	J	B	S	F	N	P	C

FOSS
ÅS
ØRKEN
ELVEMUNNINGEN
ELV
GEYSIR
ISBRE
HULE
ISFJELL
ØY
INNSJØ
SUMP
HAV
FJELL
OASE
HALVØY
STRAND
TUNDRA
DAL
VULKAN

94 - Pays #1

R	W	P	I	I	W	M	D	L	Z	T	R	C	V	F	C
M	Z	I	Z	A	M	A	N	A	P	E	Y	B	A	I	Z
H	Z	I	Z	I	L	A	M	F	B	V	B	T	Z	N	Y
D	A	N	W	N	O	R	G	E	P	G	U	A	K	L	C
F	N	O	G	A	A	U	G	A	R	A	C	I	N	A	E
I	I	B	X	M	U	T	I	Z	A	T	D	N	M	N	P
J	T	L	U	O	Z	G	S	N	L	V	Q	A	A	D	O
N	N	X	I	R	W	J	G	I	D	N	P	P	R	N	L
U	E	X	W	P	Y	S	R	U	N	I	G	S	O	M	E
D	G	M	Y	H	P	K	Y	O	I	A	A	F	K	S	N
I	R	K	S	W	P	I	I	D	G	I	H	M	K	Z	W
Y	A	D	A	N	A	C	N	Y	M	I	Q	G	O	W	E
T	Y	S	K	L	A	N	D	E	S	K	A	N	F	L	Q
P	N	E	C	U	A	D	O	R	N	G	M	K	C	A	B
B	R	A	S	I	L	Y	J	V	M	E	L	I	B	Y	A
I	S	R	A	E	L	V	E	N	E	Z	U	E	L	A	V

AFGHANISTAN
TYSKLAND
ARGENTINA
BRASIL
CANADA
SPANIA
ECUADOR
FINLAND
INDIA
ISRAEL
LIBYA
MALI
MAROKKO
NICARAGUA
NORGE
PANAMA
FILIPPINENE
POLEN
ROMANIA
VENEZUELA

95 - Nombres

Y	N	W	Z	T	A	E	X	U	J	N	T	X	B	N	T
L	I	K	U	L	U	M	F	Q	L	K	I	I	U	R	G
M	T	K	R	L	J	Å	N	J	R	H	I	X	B	V	B
V	T	L	S	U	R	T	P	F	M	Y	E	F	I	U	G
A	E	D	E	N	E	T	R	O	J	F	Z	Y	N	F	J
L	N	B	N	S	R	E	S	Q	X	L	E	D	V	K	F
L	R	C	T	F	I	U	Y	V	I	F	K	M	E	F	H
V	P	A	W	J	F	J	X	M	V	T	P	V	T	S	X
Y	D	Z	V	X	U	T	O	G	E	B	R	L	K	E	V
S	E	K	S	U	F	M	T	N	A	V	N	O	H	L	N
E	R	S	E	K	D	F	T	A	N	N	E	T	T	A	E
P	T	T	U	A	U	X	P	X	O	K	T	O	R	M	T
N	E	T	S	K	E	S	O	G	G	A	T	C	Q	I	T
E	I	V	L	V	Y	K	V	T	O	W	E	O	I	S	Y
N	V	L	G	Y	P	P	M	V	A	B	R	Z	E	E	S
L	Z	O	U	J	V	V	J	B	N	X	T	N	E	D	D

FEM
TO
DESIMAL
TI
ATTEN
NITTEN
SYTTEN
TOLV
ÅTTE
NI
FJORTEN
FIRE
FEMTEN
SEKSTEN
SYV
SEKS
TRETTEN
TRE
TJUE
NULL

96 - Psychologie

U	S	C	F	G	Z	G	Q	X	E	I	P	A	R	E	T
E	R	F	A	R	I	N	G	E	R	G	D	O	R	R	Z
P	E	B	A	M	O	I	N	U	F	W	I	E	F	R	E
E	S	P	Q	Z	P	R	I	N	R	J	D	Y	E	N	V
R	L	R	V	R	P	E	N	J	S	U	T	C	Q	R	I
S	E	O	G	E	F	D	T	K	I	L	F	N	O	K	R
O	L	B	M	M	Ø	R	A	O	R	S	D	E	B	S	K
N	Ø	L	L	M	R	U	F	F	H	D	G	K	E	I	E
L	F	E	F	Ø	S	V	P	X	N	D	V	T	V	N	L
I	A	M	U	R	E	R	P	S	R	I	B	F	I	I	I
G	N	T	M	D	L	M	O	D	N	R	A	B	S	L	G
H	B	N	A	Z	Z	K	Q	M	M	O	A	Z	S	K	H
E	R	E	G	N	I	N	K	R	I	V	Å	P	T	W	E
T	E	N	X	X	K	G	H	E	R	J	C	G	L	B	T
A	V	T	A	L	E	E	S	L	E	L	Ø	F	Ø	K	H
R	U	M	P	X	X	Q	R	P	X	T	F	R	S	A	U

KLINISK
OPPFØRSEL
KONFLIKT
EGO
BARNDOM
ERFARINGER
FØLELSER
VURDERING
IDEER
BEVISSTLØS
PÅVIRKNINGER
TANKER
OPPFATNING
PERSONLIGHET
PROBLEM
AVTALE
VIRKELIGHET
DRØMMER
FØLELSE
TERAPI

97 - Nature

E	K	Å	T	K	S	F	D	H	D	U	E	R	H	Y	A
R	E	Y	K	S	N	K	R	P	W	E	F	R	H	C	R
O	O	A	V	I	L	L	J	O	D	J	R	U	Y	O	K
S	G	R	L	M	G	T	J	Ø	L	W	Q	X	Y	N	T
J	I	V	E	A	W	R	M	H	N	I	B	I	E	R	I
O	L	U	Q	N	D	O	I	E	E	N	G	O	K	S	S
N	E	Ø	R	Y	Y	P	B	L	K	C	H	G	S	Y	K
J	D	U	V	D	R	I	H	L	R	L	G	E	W	G	W
P	E	J	L	V	I	S	U	I	Ø	L	J	R	T	M	J
B	R	D	Y	W	E	K	H	G	D	F	K	B	F	I	O
N	F	S	S	Y	D	R	A	D	E	W	X	S	O	Z	V
S	X	H	Y	K	N	Y	K	O	D	T	T	I	Q	L	A
U	R	K	P	E	B	Q	H	M	O	F	Q	G	D	M	I
V	I	K	T	I	G	D	B	Q	S	Q	H	Z	K	W	B
S	B	J	F	L	M	O	X	J	J	S	I	L	O	A	T
B	Y	M	L	R	D	T	B	W	R	E	M	J	D	J	N

BIER
LY
DYR
ARKTISK
SKJØNNHET
TÅKE
ØRKEN
DYNAMISK
EROSJON
LØVVERK
ELV
SKOG
ISBRE
SKYER
FREDELIG
HELLIGDOM
VILL
ROLIG
TROPISK
VIKTIG

98 - Chimie

M	M	O	M	M	D	K	H	F	W	K	V	K	N	W	E
R	O	T	A	S	Y	L	A	T	A	K	Æ	L	U	F	L
A	I	L	U	V	N	M	M	V	U	I	S	O	K	P	E
T	L	N	E	P	E	F	U	D	I	P	K	R	L	I	K
E	P	K	L	K	L	K	N	P	V	P	E	P	E	F	T
M	D	G	A	K	Y	H	T	U	Q	L	V	L	Æ	B	R
P	N	L	S	L	X	L	D	O	O	X	G	B	R	D	O
E	A	X	V	H	I	B	R	A	R	V	P	N	O	I	N
R	C	Y	S	K	Z	S	B	T	E	A	L	E	N	K	O
A	Y	L	H	Z	F	Q	K	O	L	R	R	G	Z	H	B
T	J	U	G	A	S	S	I	M	L	M	B	O	L	C	R
U	X	S	B	T	D	H	X	A	A	E	T	R	G	P	A
R	Z	Y	Y	T	P	O	Q	C	T	V	L	D	Q	M	K
Z	U	R	Z	V	H	E	W	Q	E	N	Z	Y	M	O	E
F	E	E	P	I	M	F	I	X	M	V	J	H	D	K	L
L	A	P	O	K	S	Y	G	E	N	F	J	S	A	L	T

SYRE
ALKALISK
ATOM
KARBON
KATALYSATOR
VARME
KLOR
ENZYM
ELEKTRON
GASS
HYDROGEN
ION
VÆSKE
METALLER
MOLEKYL
NUKLEÆR
OKSYGEN
VEKT
SALT
TEMPERATUR

99 - Bateaux

S	R	K	W	U	N	R	L	B	D	M	P	A	X	U	X
B	E	S	L	S	N	B	F	L	Å	T	E	O	I	R	P
H	K	I	V	A	H	R	H	Z	H	R	Q	C	Ø	F	T
T	N	T	L	Q	B	U	T	D	F	B	F	M	J	W	M
S	A	U	E	B	N	R	E	G	L	Ø	B	T	S	A	M
K	U	A	T	X	Å	O	F	W	Y	D	K	I	N	O	I
G	A	N	D	U	B	T	M	E	X	Z	O	D	N	S	T
E	K	J	R	K	G	O	J	B	R	K	W	E	I	J	I
Q	R	Y	A	T	A	M	S	V	P	J	E	V	Q	Ø	R
T	K	H	F	K	P	V	X	O	F	I	E	A	A	M	A
H	Y	V	F	Q	K	H	D	B	Ø	Y	E	N	Q	A	M
Z	A	Q	U	O	Q	K	W	W	T	C	L	N	G	N	W
F	C	P	K	K	P	A	K	S	N	N	A	M	Q	N	L
O	H	R	T	Q	D	N	T	T	X	W	N	M	C	E	D
A	T	P	G	P	I	O	G	E	D	L	C	Z	C	M	F
S	B	R	I	O	C	J	K	U	K	P	L	F	Z	W	L

ANKER
BØYE
KANO
TAU
MANNSKAP
FERJE
ELV
KAJAKK
INNSJØ
TIDEVANN
SJØMANN
MARITIM
MAST
HAV
MOTOR
NAUTISK
FLÅTE
BØLGER
SEILBÅT
YACHT

100 - Mesures

H	K	I	P	S	U	X	A	J	O	L	I	K	D	D	B
F	Ø	B	Y	T	E	M	M	O	T	E	I	Y	Y	E	R
R	Y	Y	R	E	T	E	M	I	T	N	E	C	B	S	E
B	M	H	D	X	K	C	S	J	Q	G	I	Z	D	I	D
R	V	M	O	E	E	I	I	S	X	D	O	V	E	M	D
E	T	G	J	C	V	H	G	T	A	E	V	G	I	A	E
Y	U	Y	Z	G	T	X	V	O	G	M	A	R	G	L	T
B	N	O	Z	V	L	I	B	N	I	C	K	G	R	A	D
J	S	Q	X	X	W	L	N	N	G	M	E	T	E	R	Q
A	E	A	D	K	G	U	M	U	L	O	V	P	T	E	T
D	U	E	J	Z	U	J	A	I	H	M	X	J	E	T	B
S	P	I	I	F	M	X	Z	W	N	J	U	H	M	I	M
N	T	V	L	D	R	P	A	V	G	U	K	C	O	L	Q
T	T	Q	H	P	R	L	E	R	O	N	T	Z	L	J	H
G	V	D	W	H	P	L	G	O	Q	Q	U	T	I	H	R
L	G	Z	T	Q	U	V	Y	T	D	R	M	Y	K	T	X

CENTIMETER
GRAD
DESIMAL
GRAM
HØYDE
KILO
KILOMETER
BREDDE
LITER
LENGDE
MASSE
METER
MINUTT
BYTE
UNSE
VEKT
TOMME
DYBDE
TONN
VOLUM

1 - Adjectifs #2

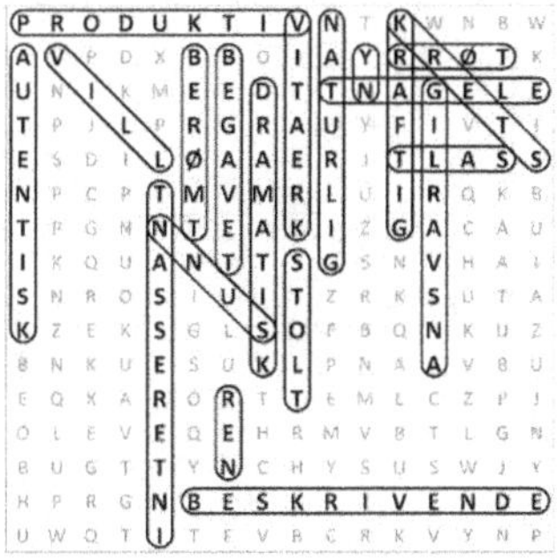

2 - Formes

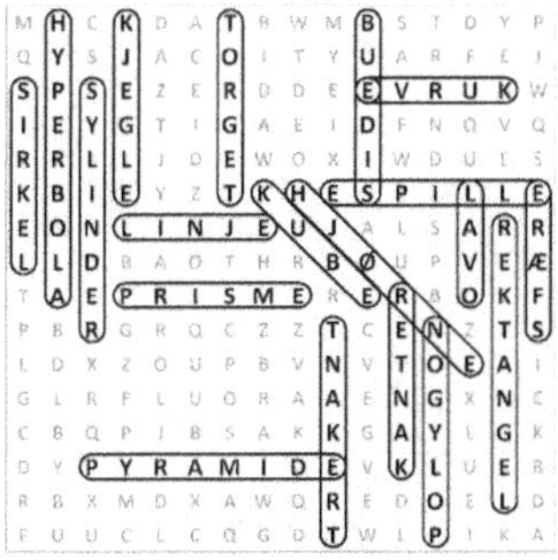

3 - Force et Gravité

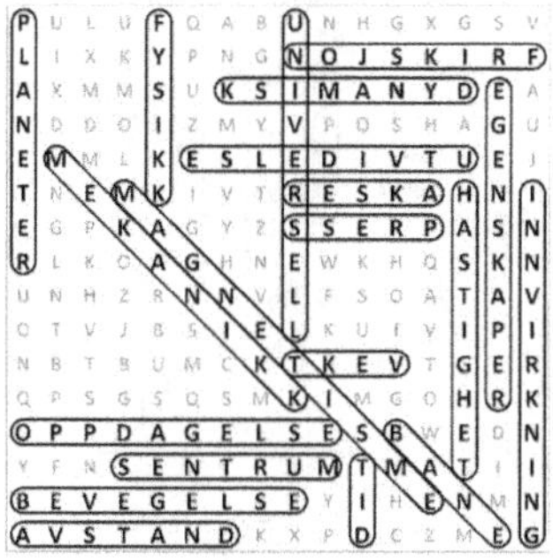

4 - Adjectifs #1

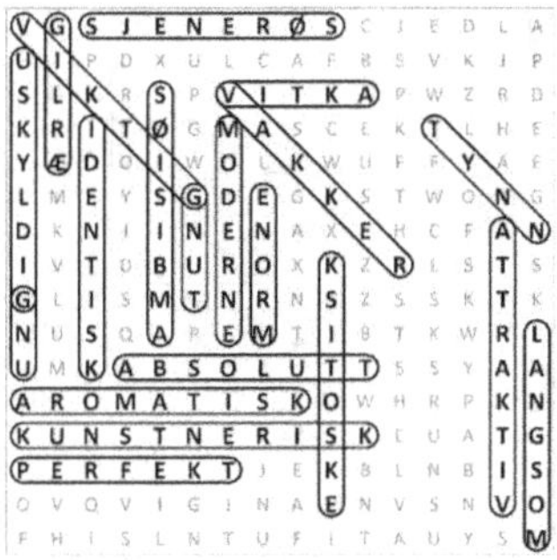

5 - Instruments de Musique

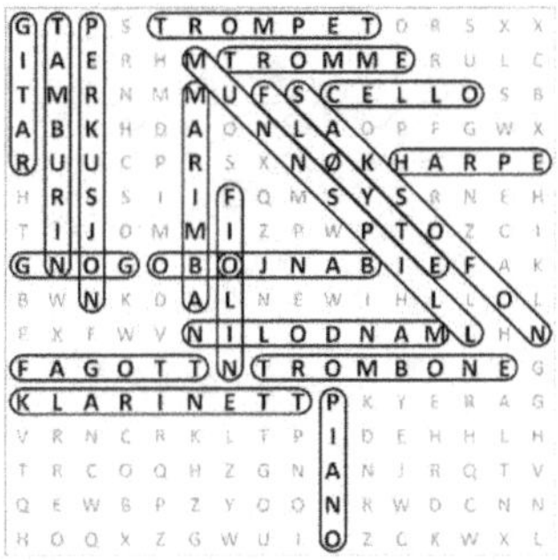

6 - Herboristerie

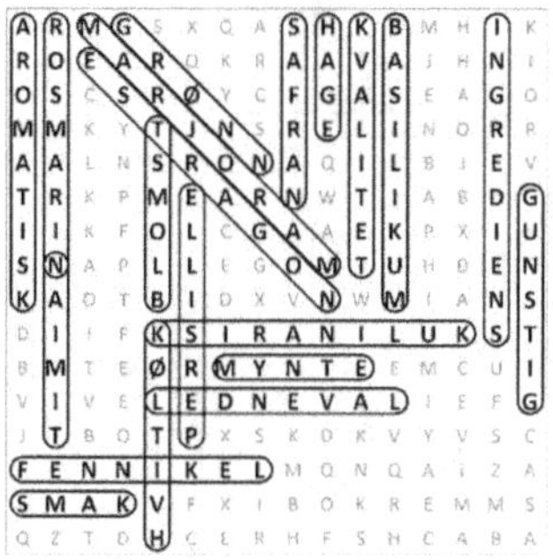

7 - Véhicules

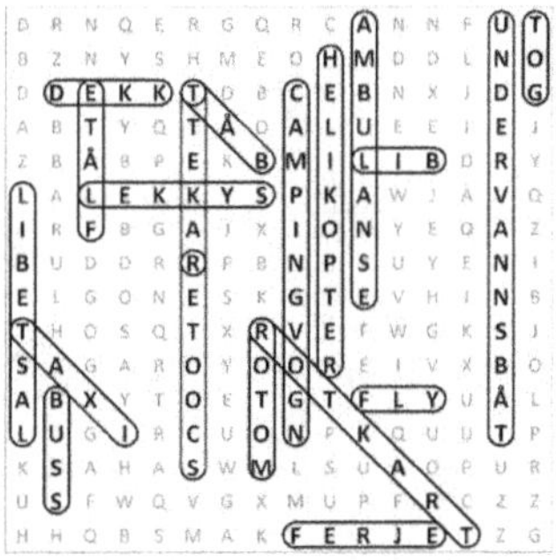

8 - Camping

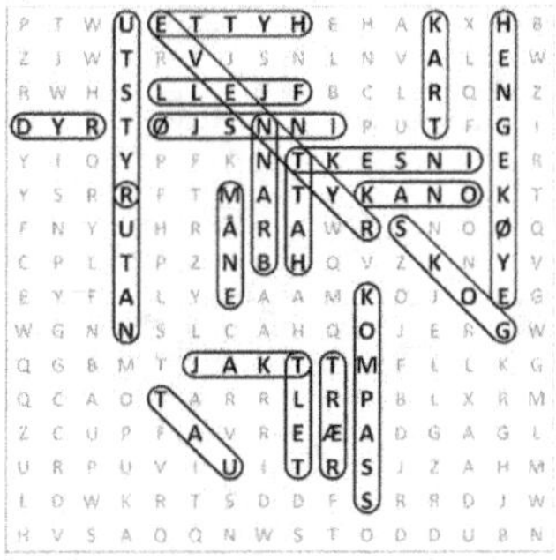

9 - Écologie

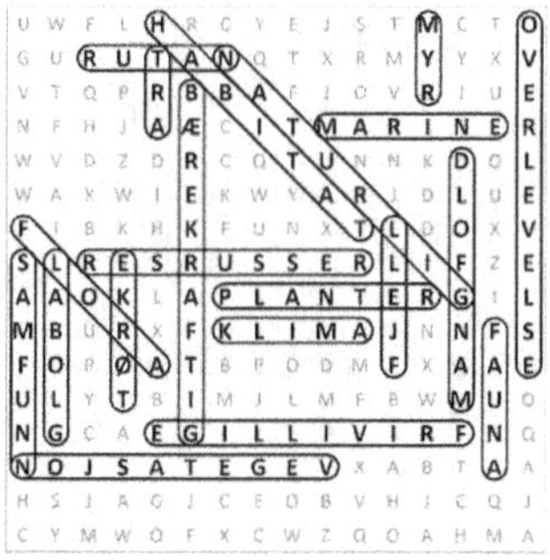

10 - Géométrie

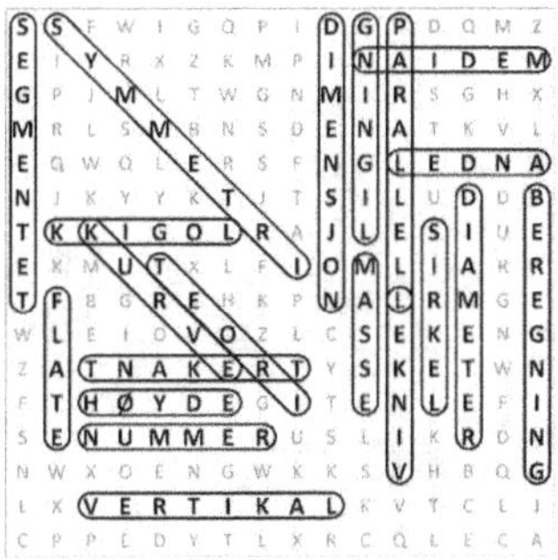

11 - Les Médias

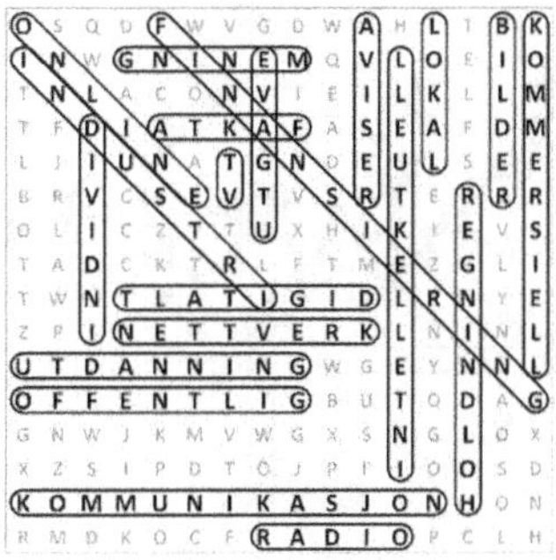

12 - Philanthropie

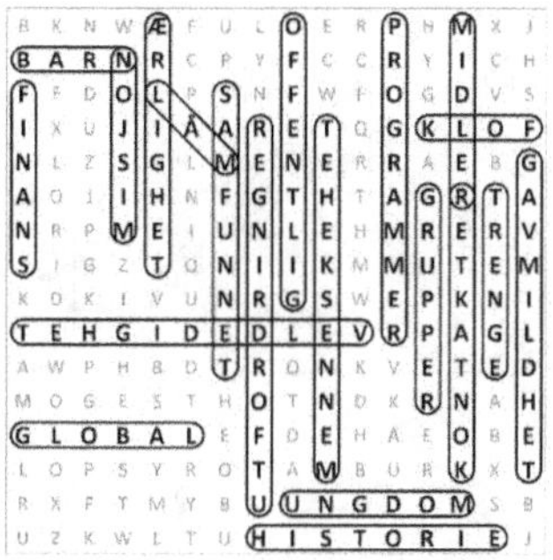

13 - Diplomatie

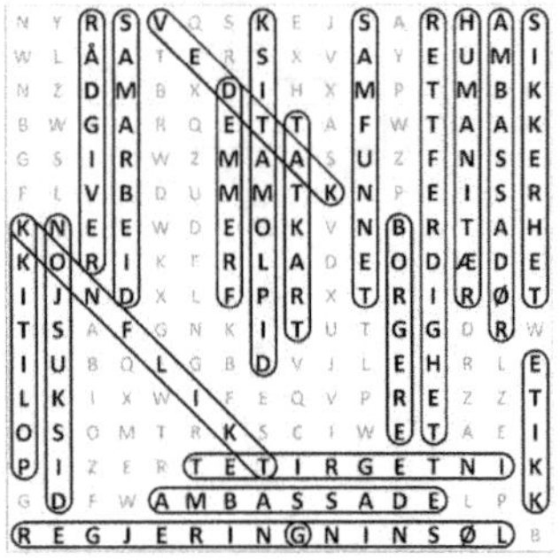

14 - Électricité

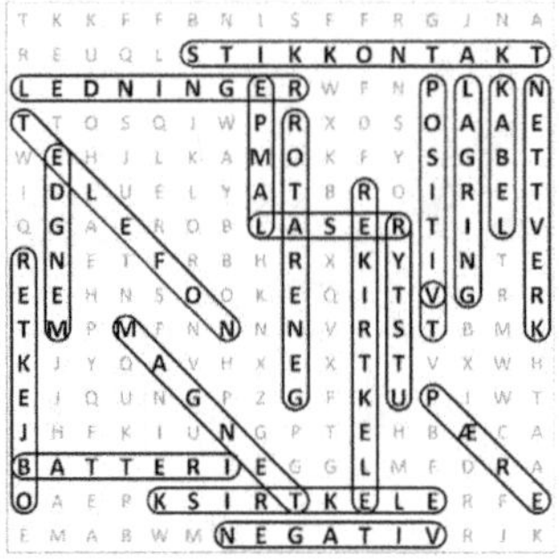

15 - Astronomie

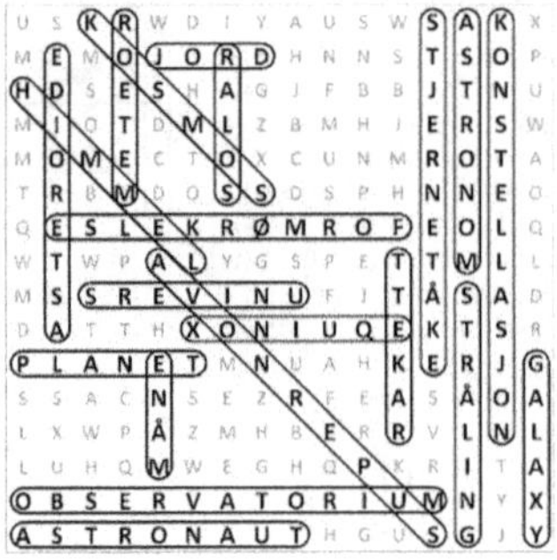

16 - Physique

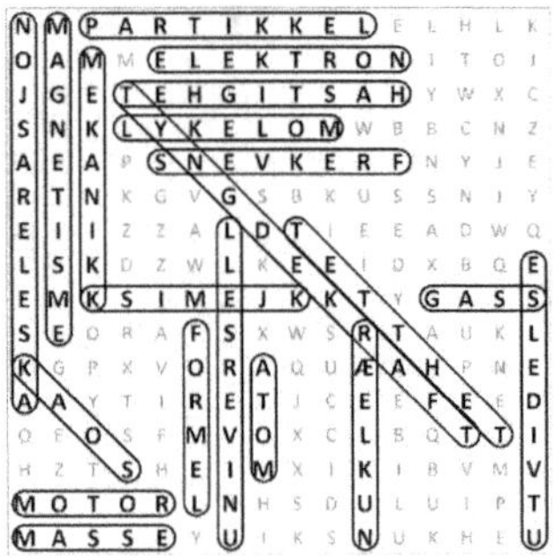

17 - Types de Cheveux

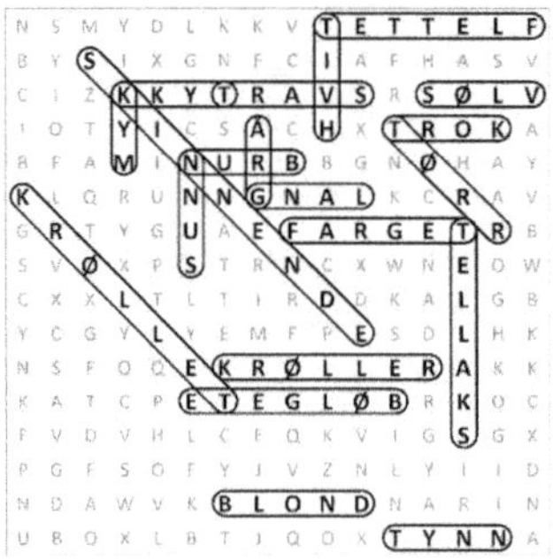

18 - Archéologie

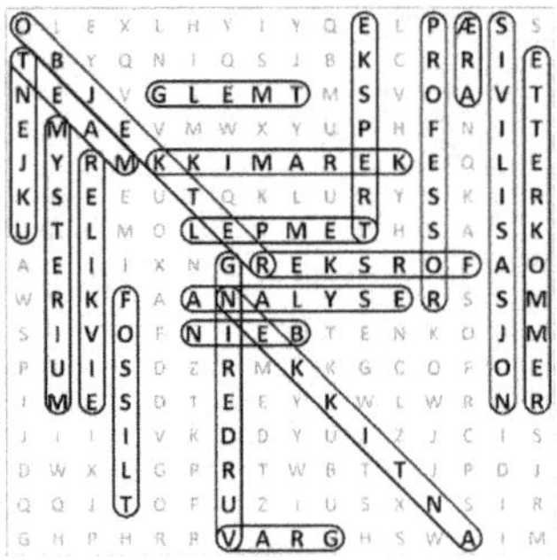

19 - Mammifères

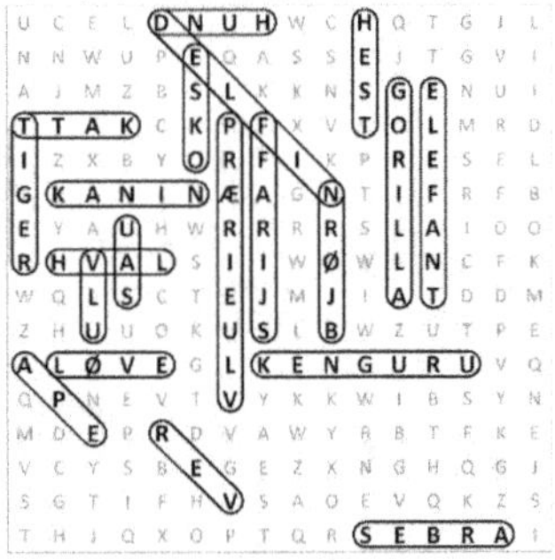

20 - Mathématiques

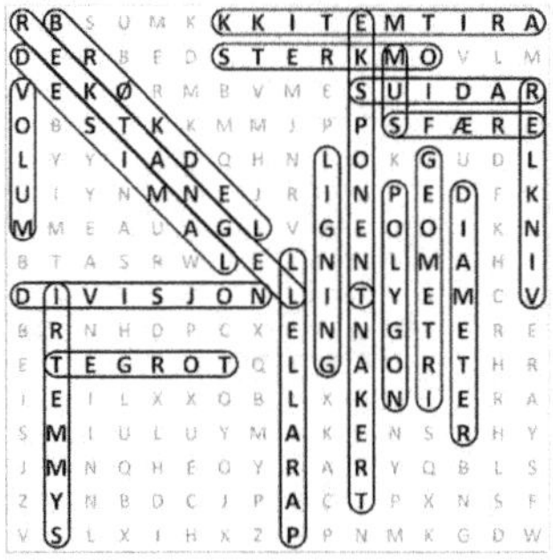

21 - Mythologie

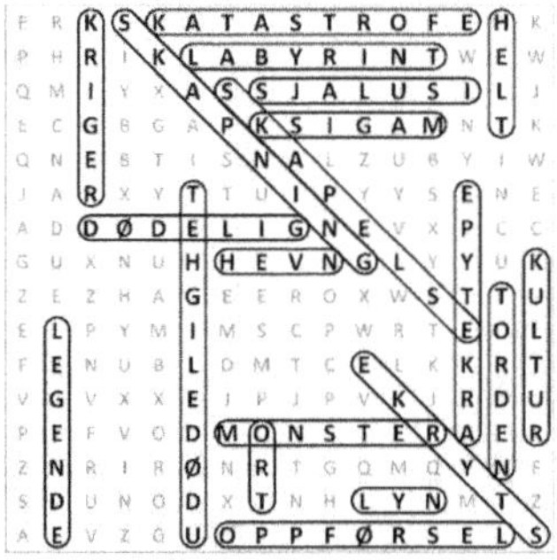

22 - Restaurant #2

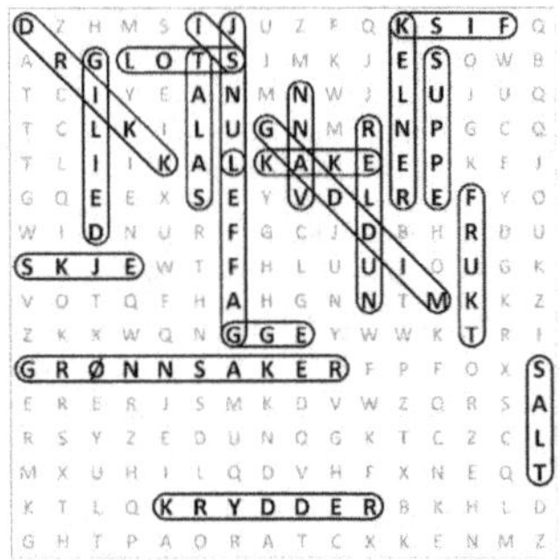

23 - Beauté

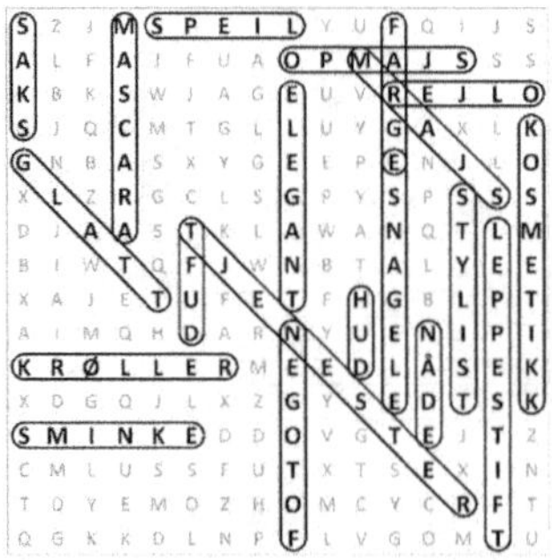

24 - Avions

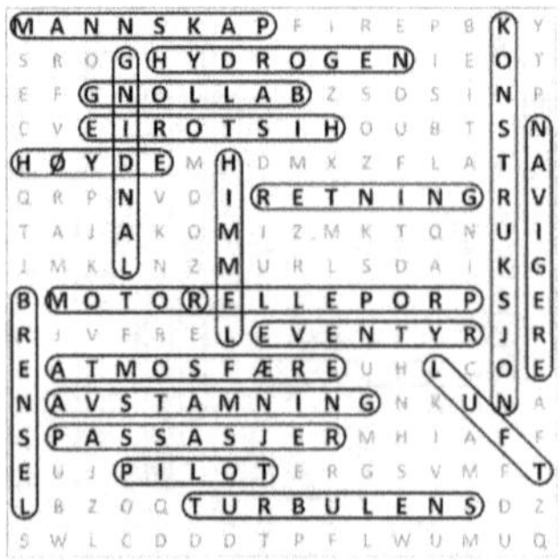

25 - Aventure

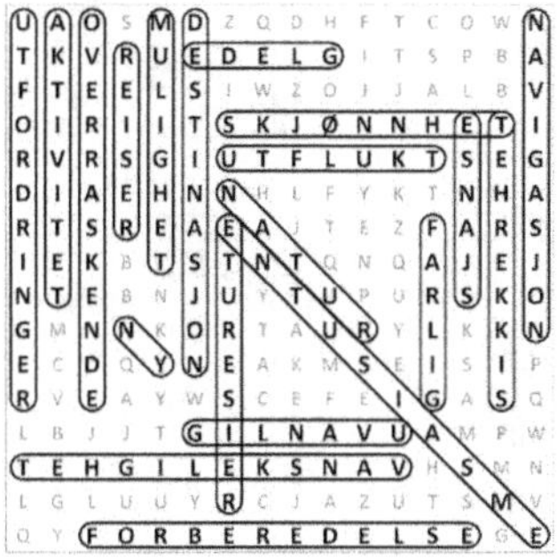

26 - Ville

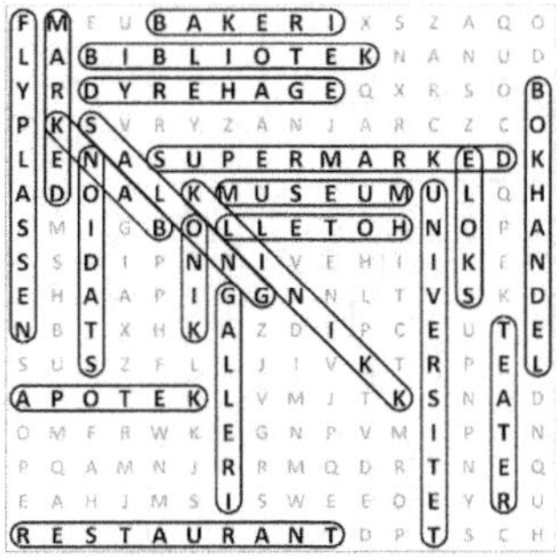

27 - Ingénierie

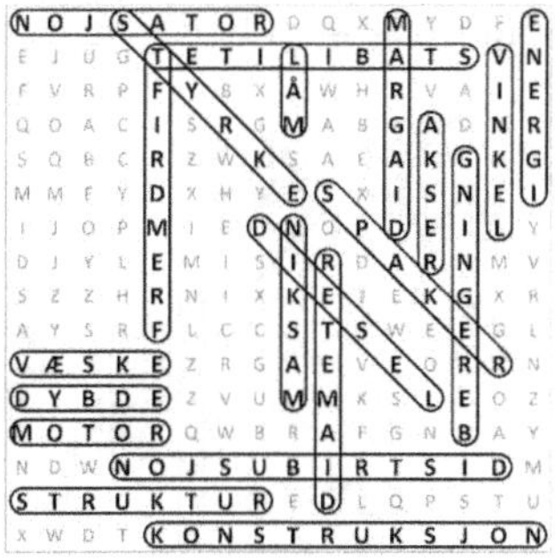

28 - Énergie

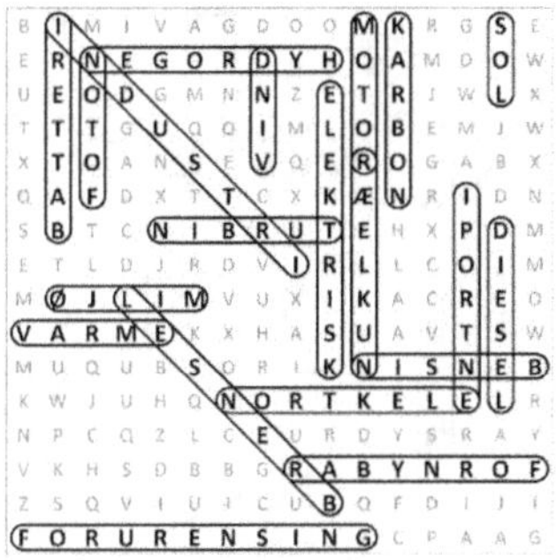

29 - Cuisine

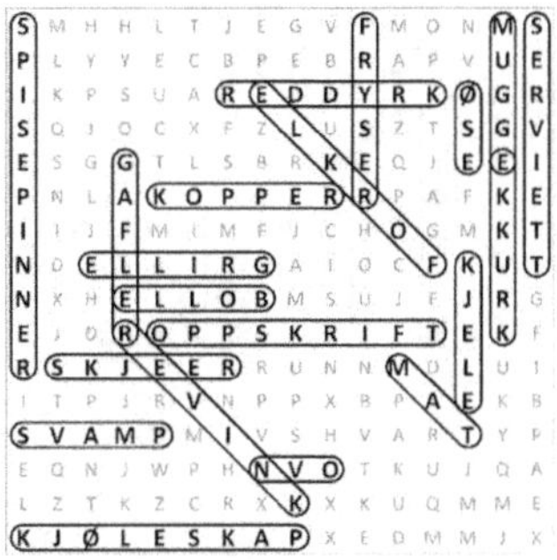

30 - Corps Humain

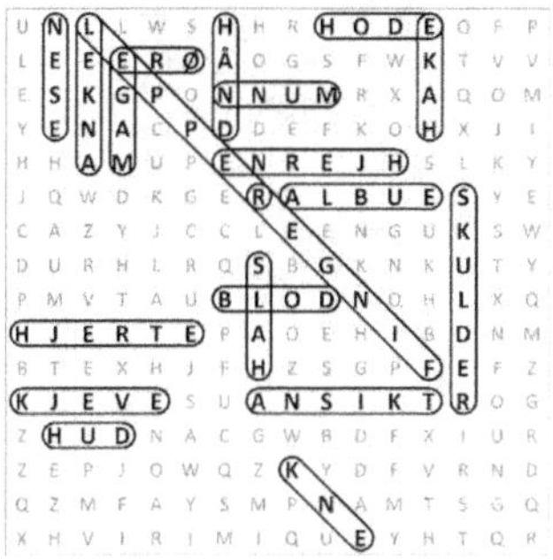

31 - Biologie

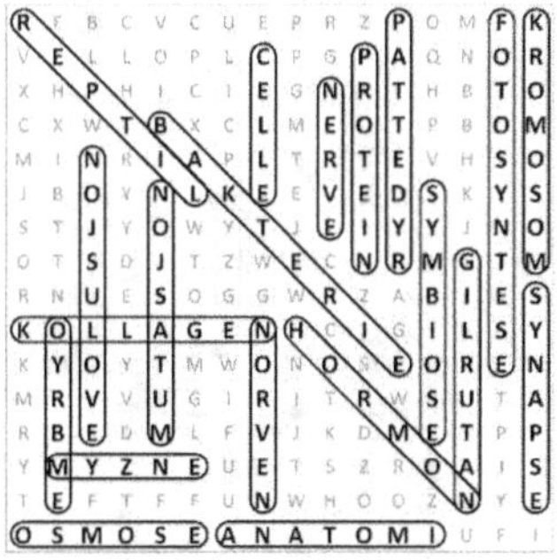

32 - Épices

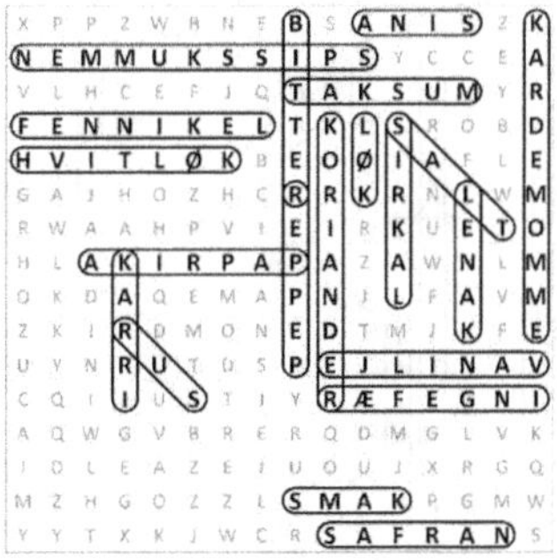

33 - Agronomie

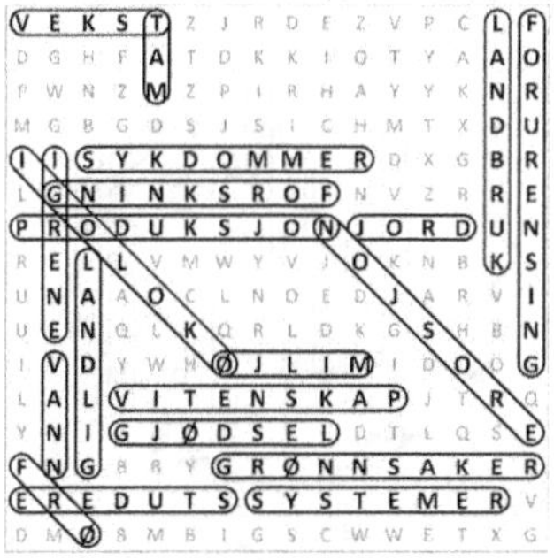

34 - Science

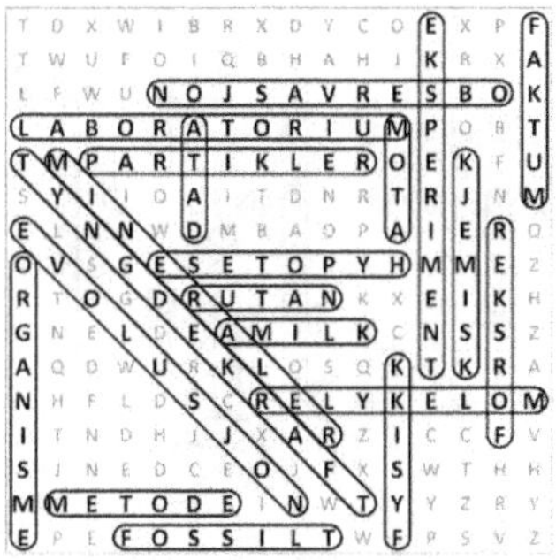

35 - Vêtements

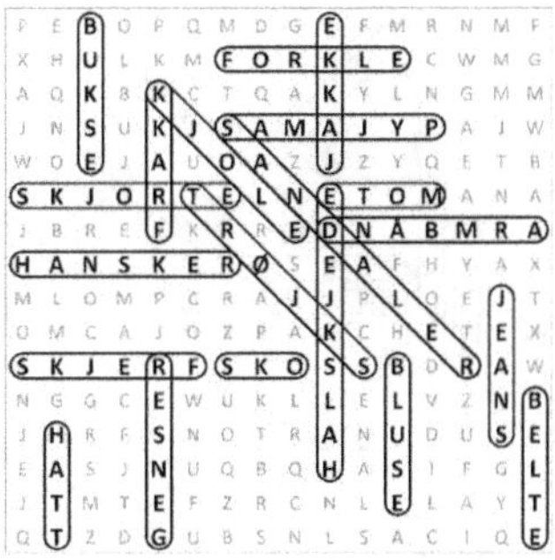

36 - Arts Visuels

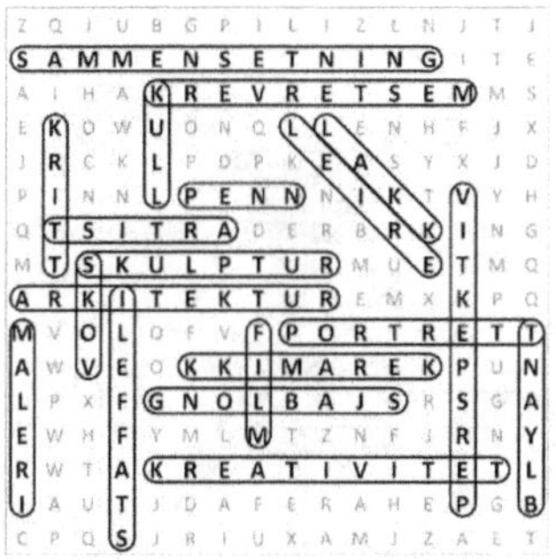

37 - Méditation

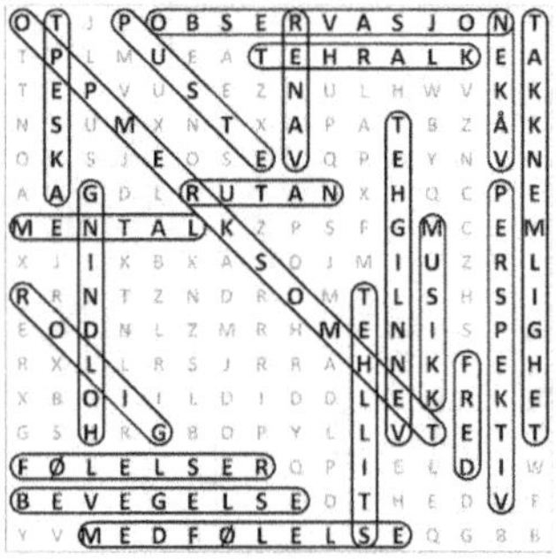

38 - Littérature

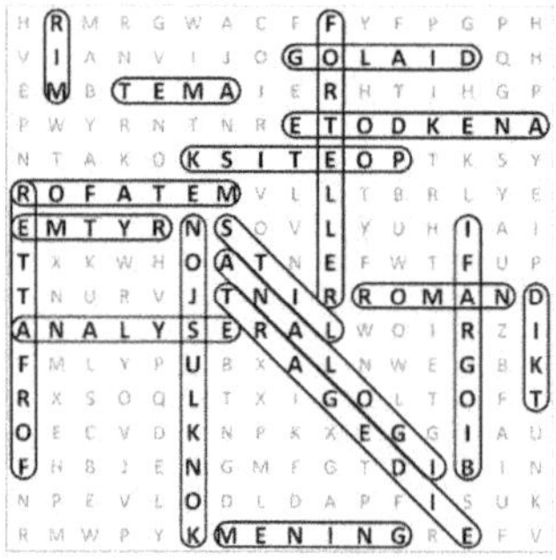

39 - Nourriture #1

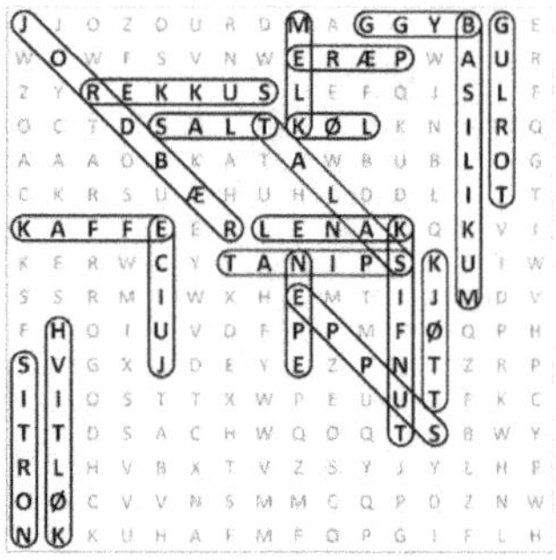

40 - Jours et Mois

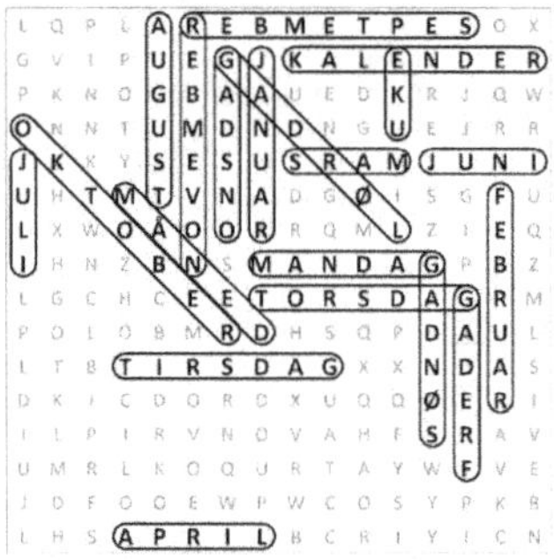

41 - Jardinage

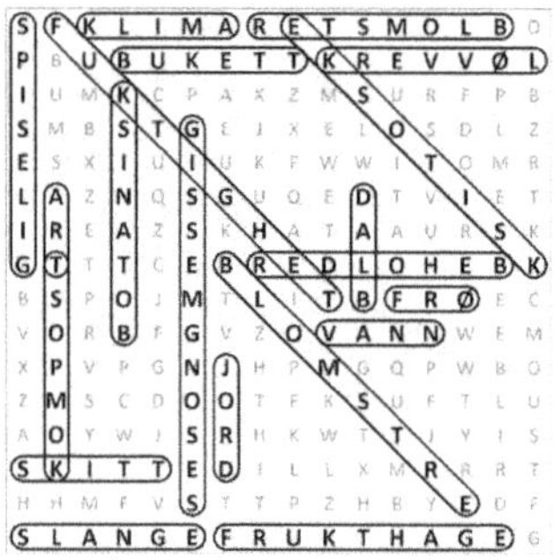

42 - Entreprise

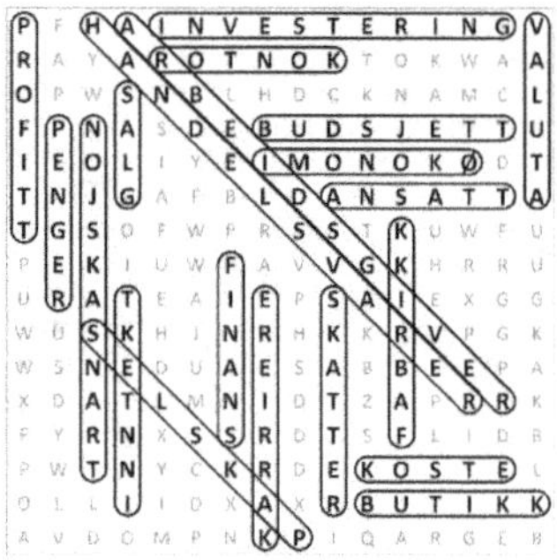

43 - Activités

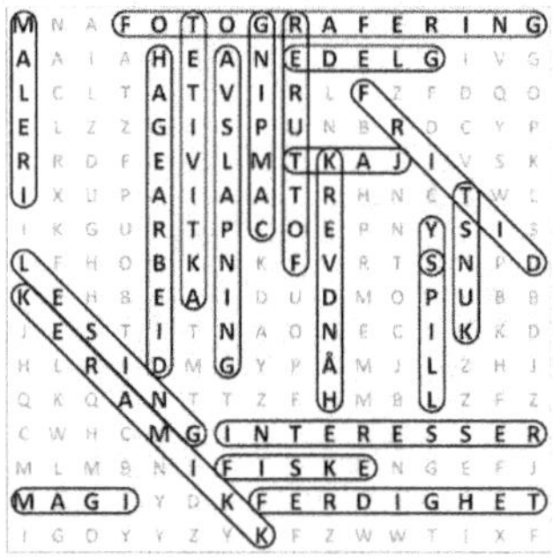

44 - Mode

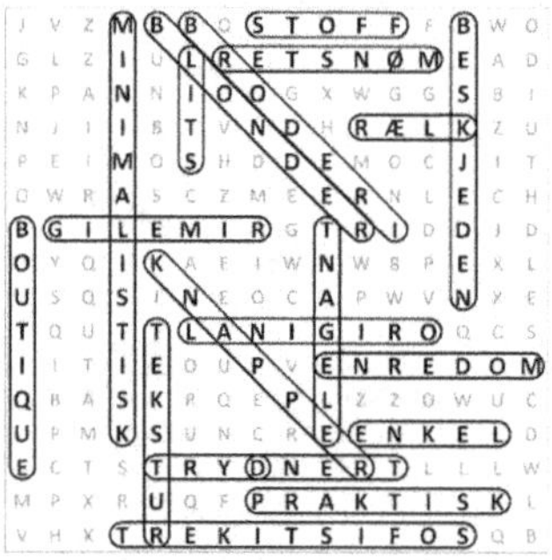

45 - Fleurs

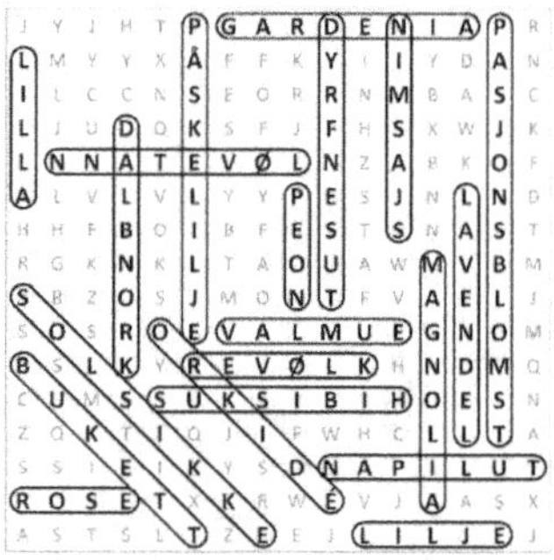

46 - Nourriture #2

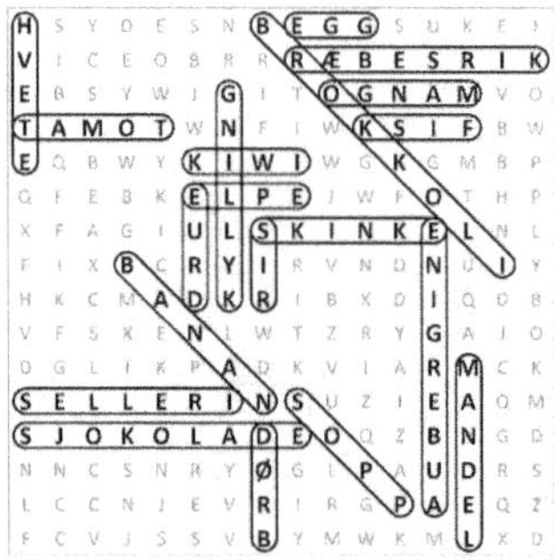

47 - Algèbre

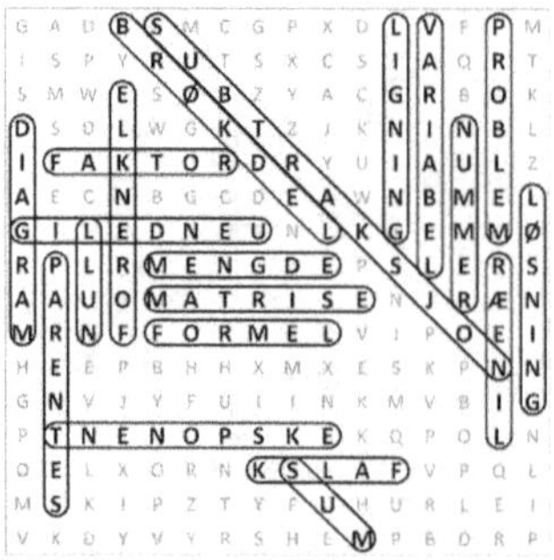

48 - Océan

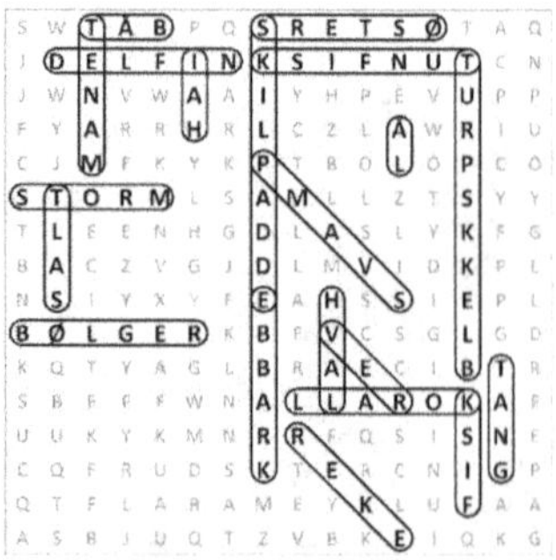

49 - Antiquités

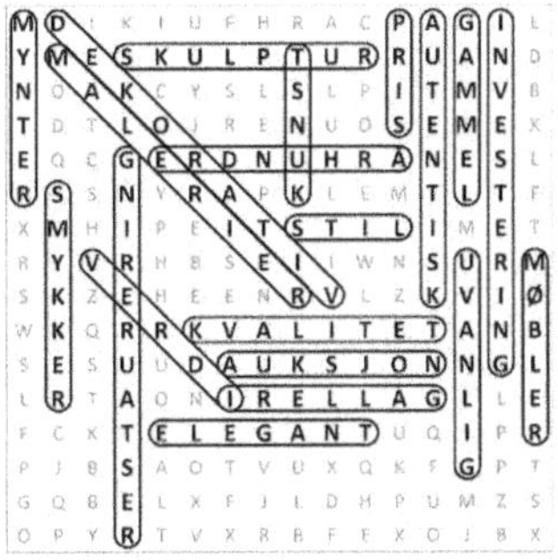

50 - Réchauffement Cli

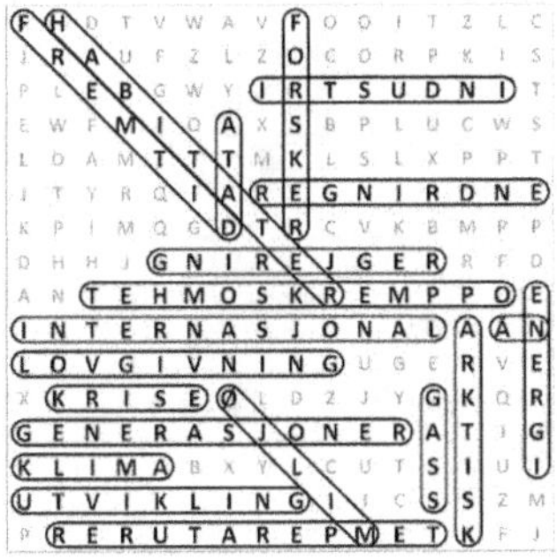

51 - Ballet

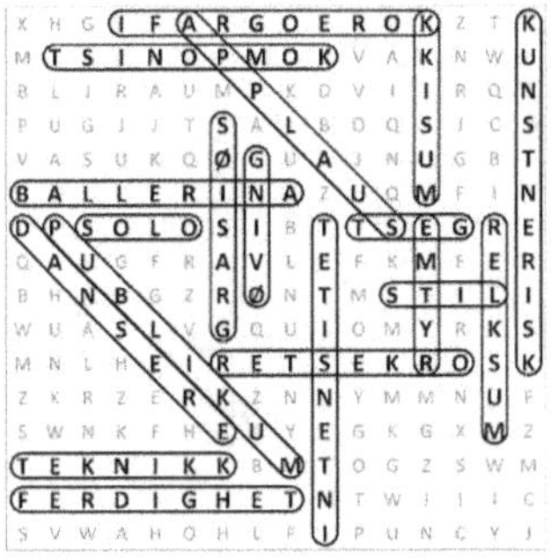

52 - Fruit

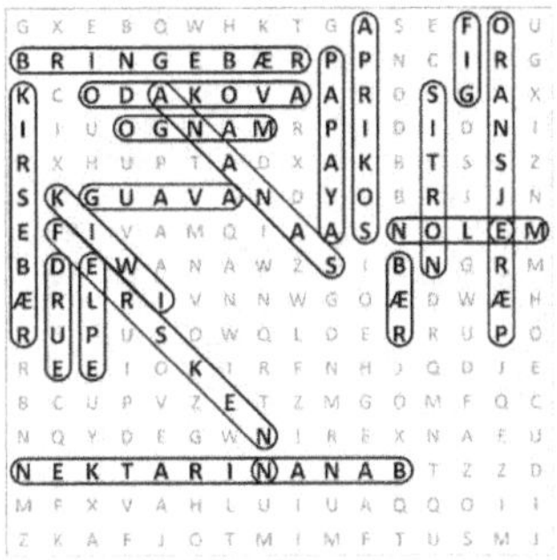

53 - Technologie

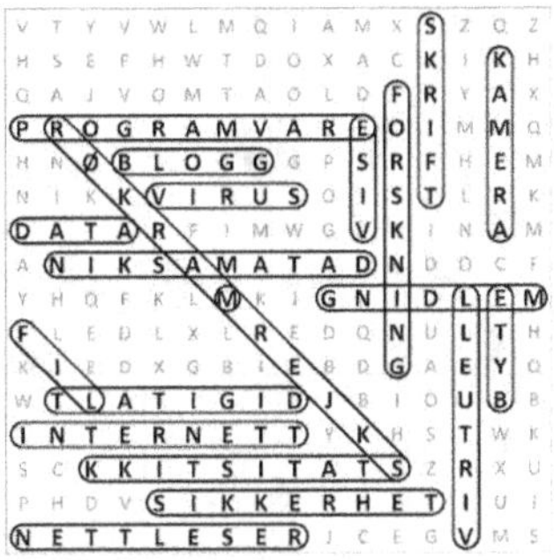

54 - Musique

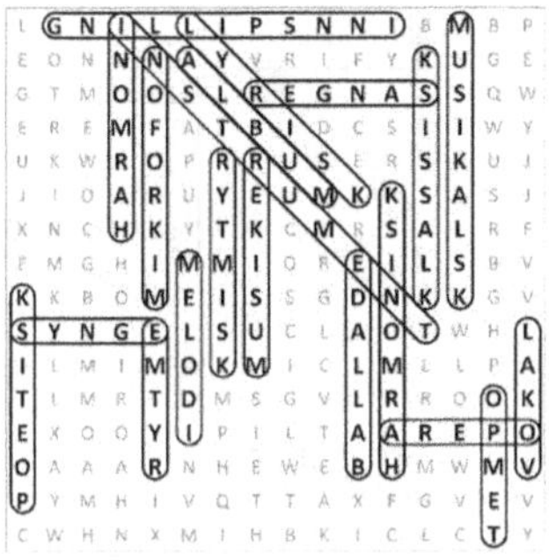

55 - L'Entreprise

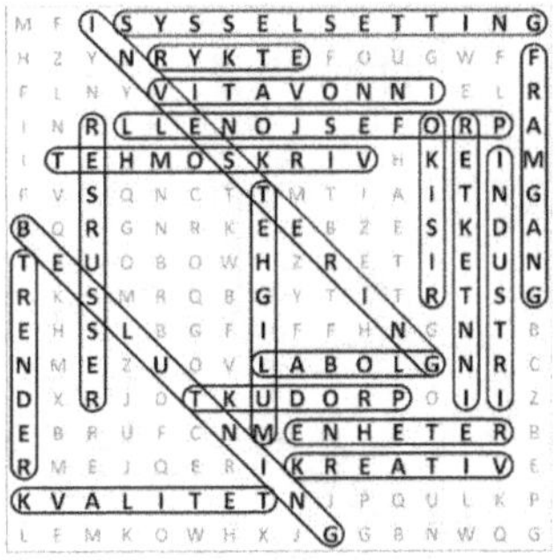

56 - Gouvernement

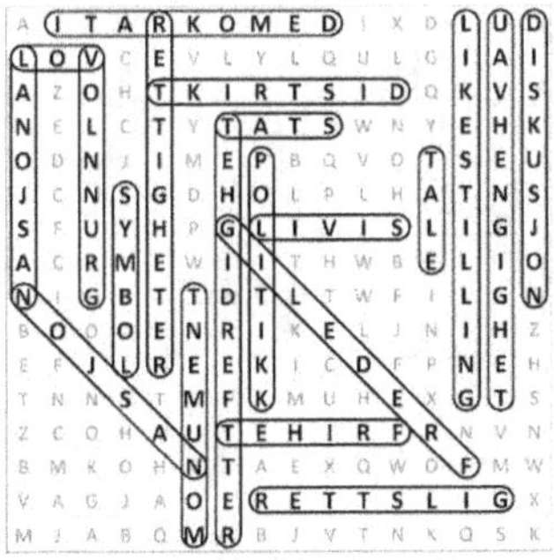

57 - Randonnée

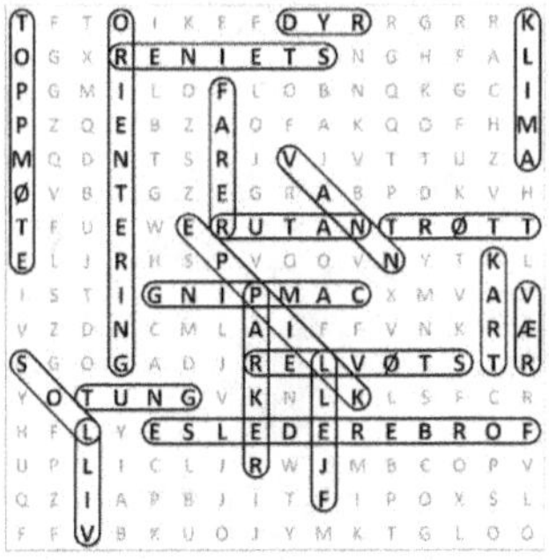

58 - Art

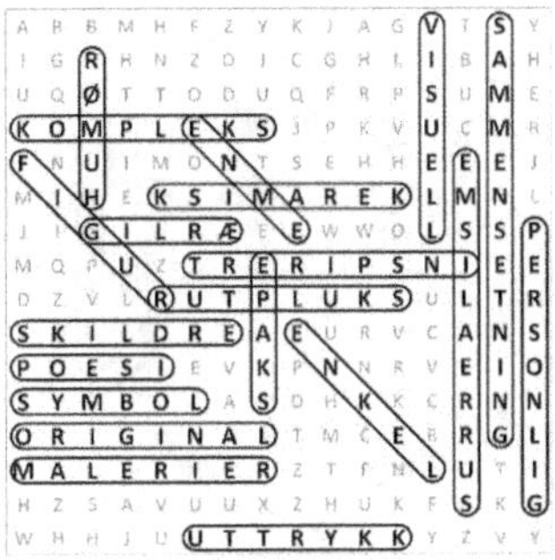

59 - Nutrition

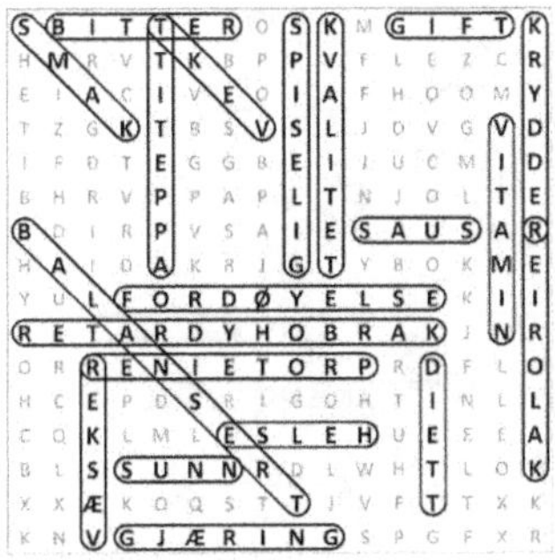

60 - Créativité

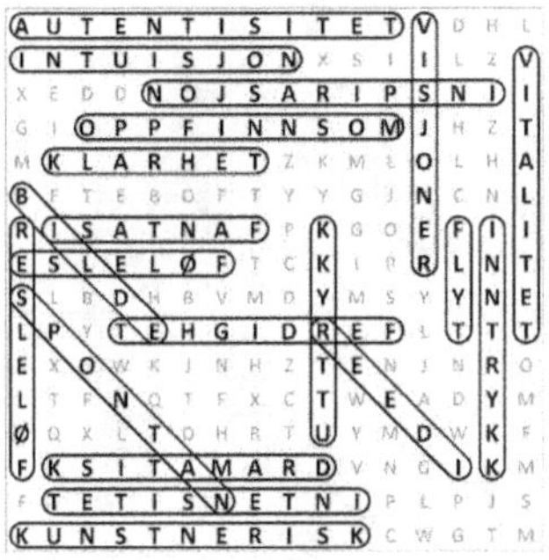

61 - Science Fiction

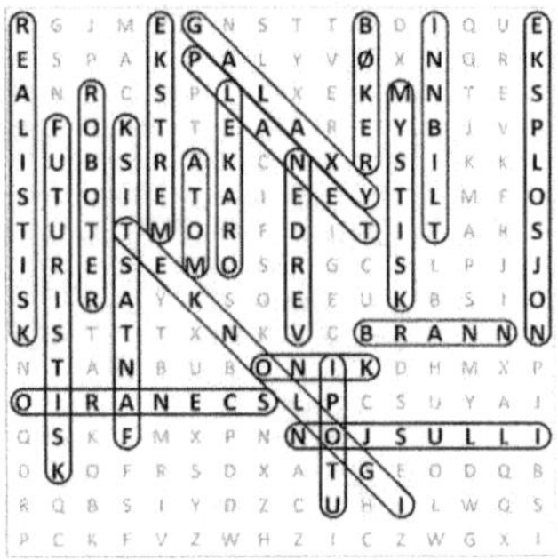

62 - Professions #1

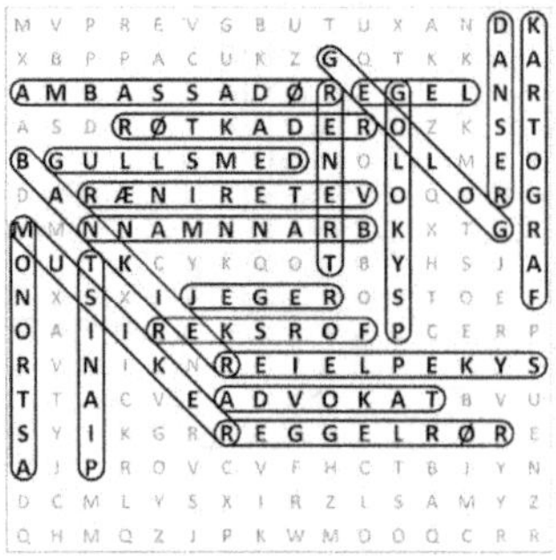

63 - Géologie

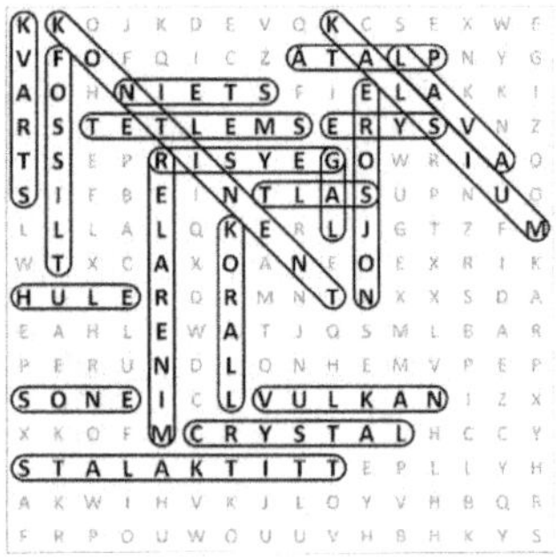

64 - Jardin

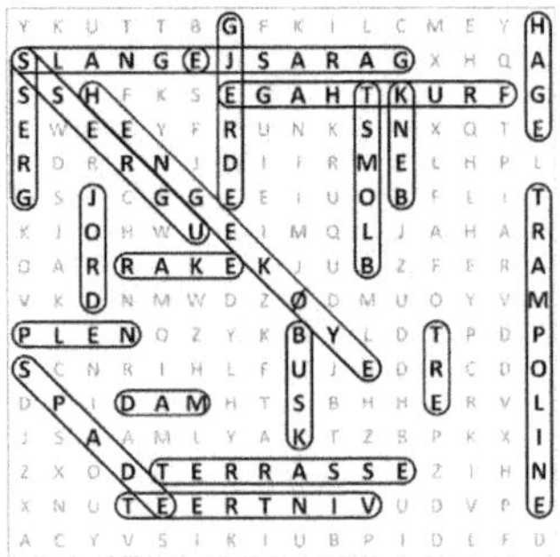

65 - Santé et Bien Être #1

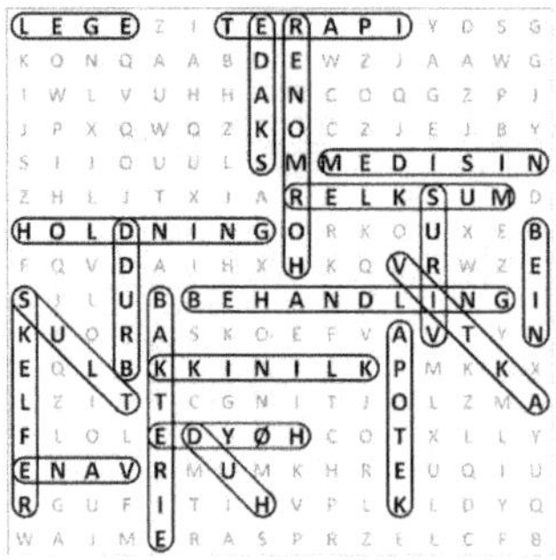

66 - Barbecues

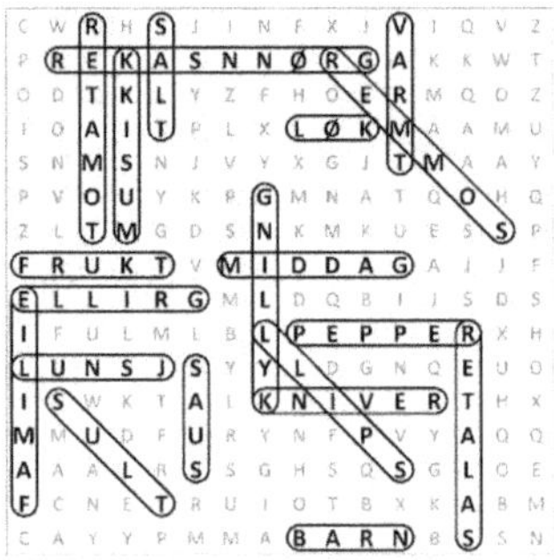

67 - Forêt Tropicale

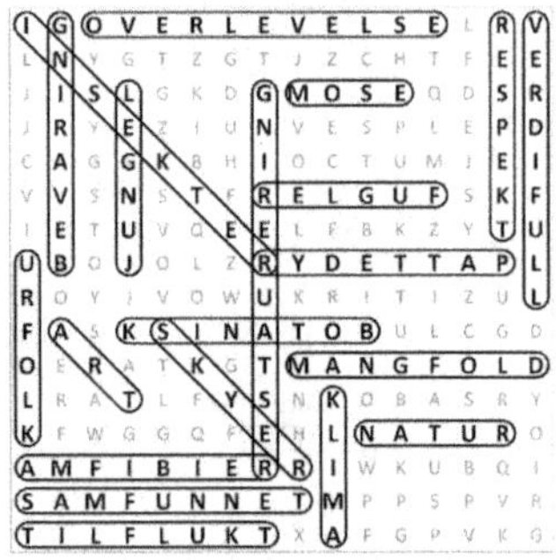

68 - Ferme #1

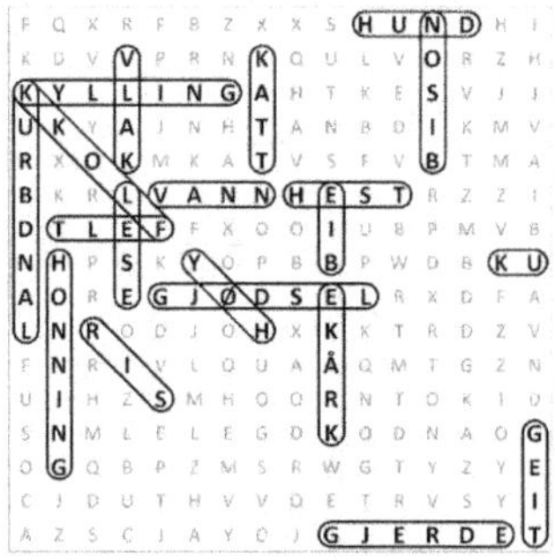

69 - Antarctique

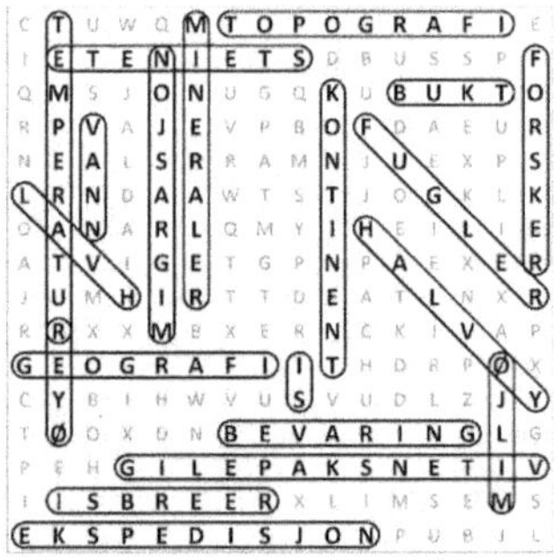

70 - Professions #2

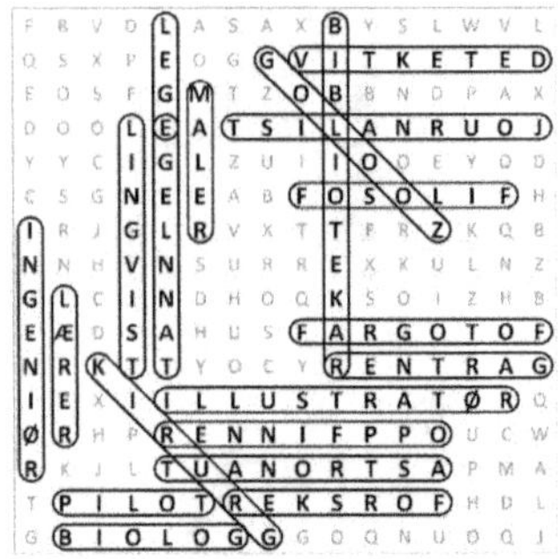

71 - Les Abeilles

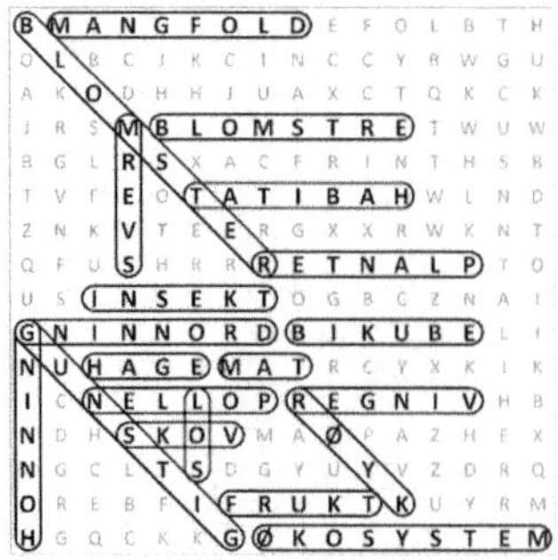

72 - Santé et Bien Être #2

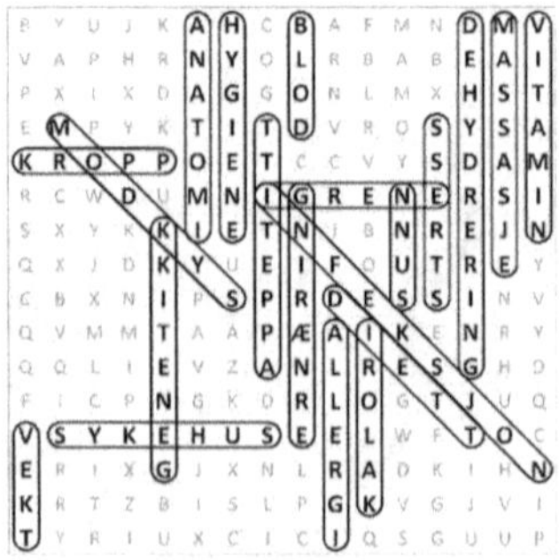

73 - Conduite

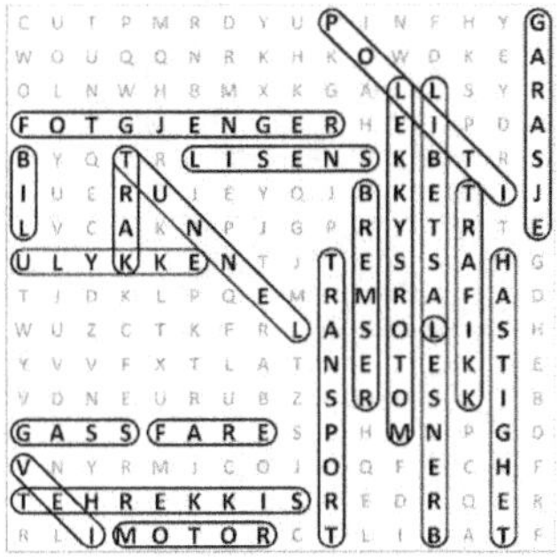

74 - Plantes

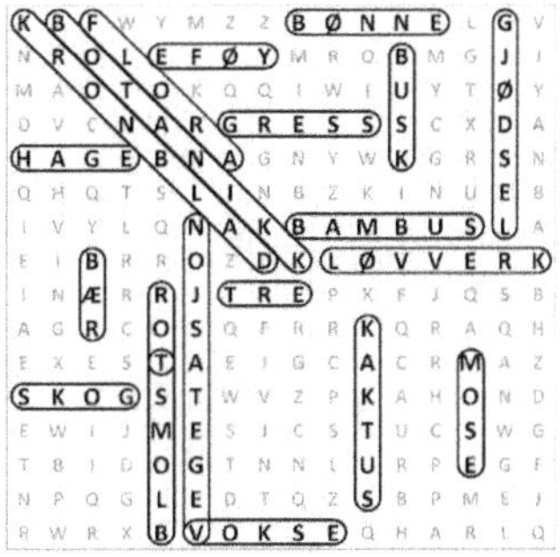

75 - Ferme #2

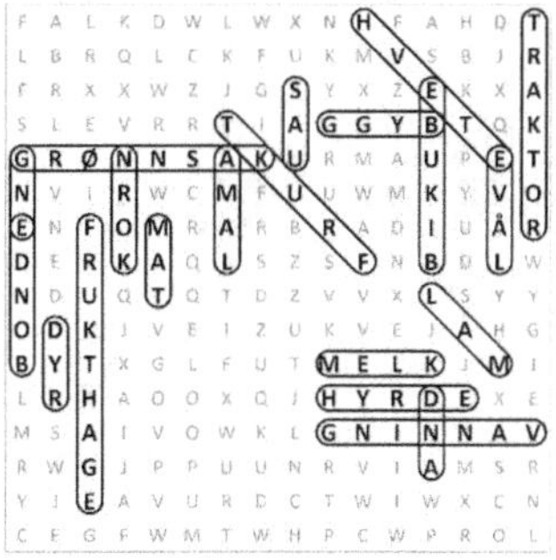

76 - Vacances #2

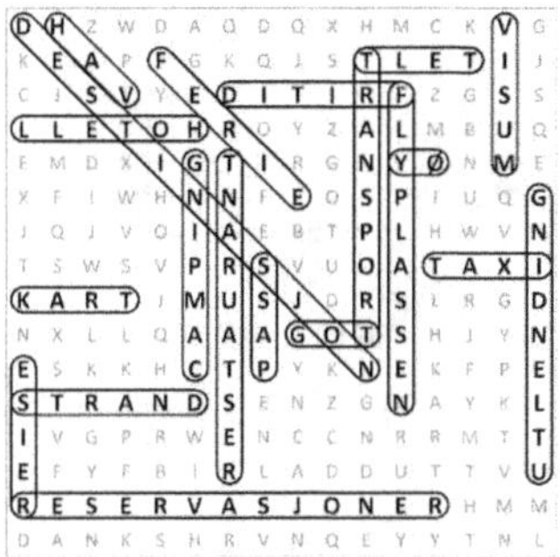

77 - Temps

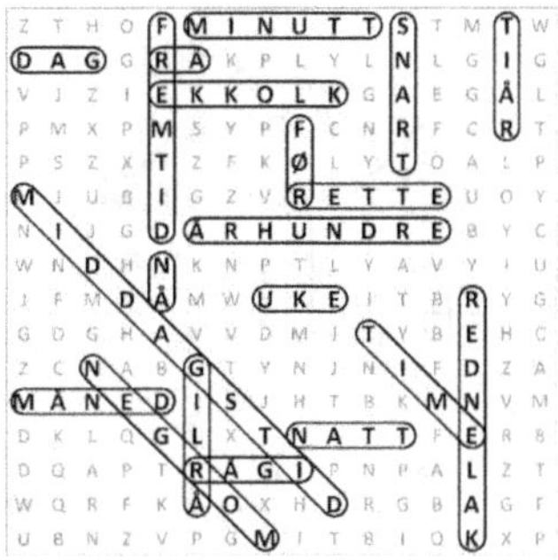

78 - Maison

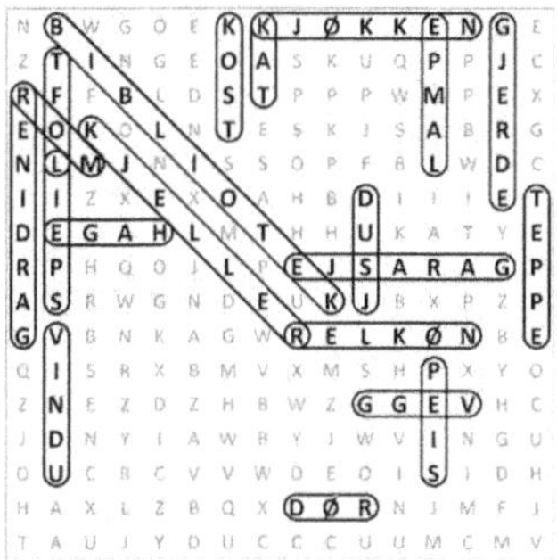

79 - Légumes

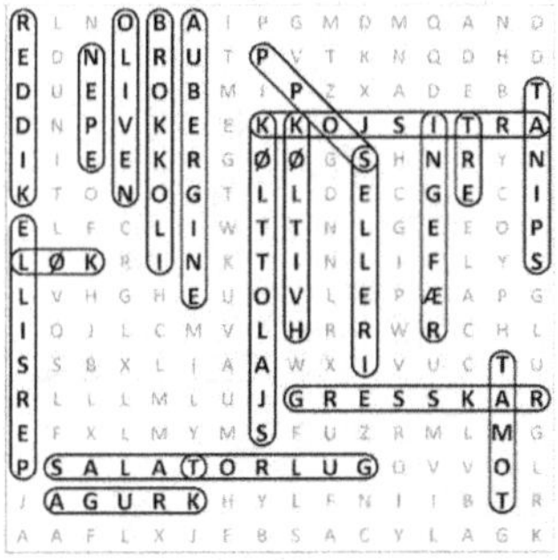

80 - Famille

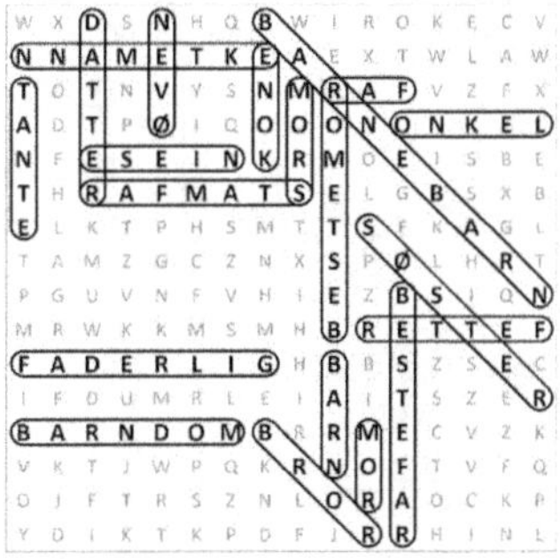

81 - Oiseaux

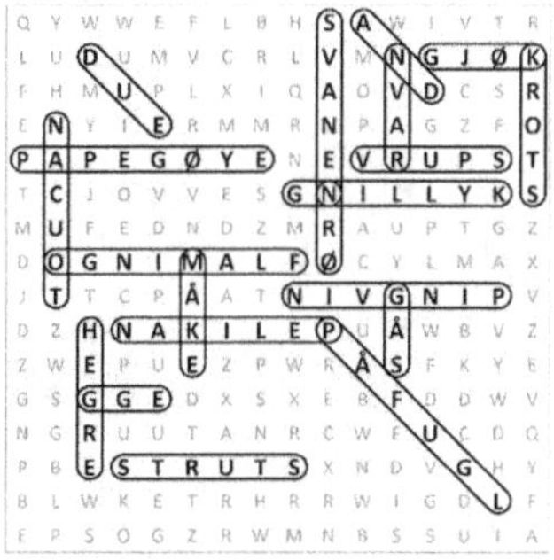

82 - Disciplines Scientifiques

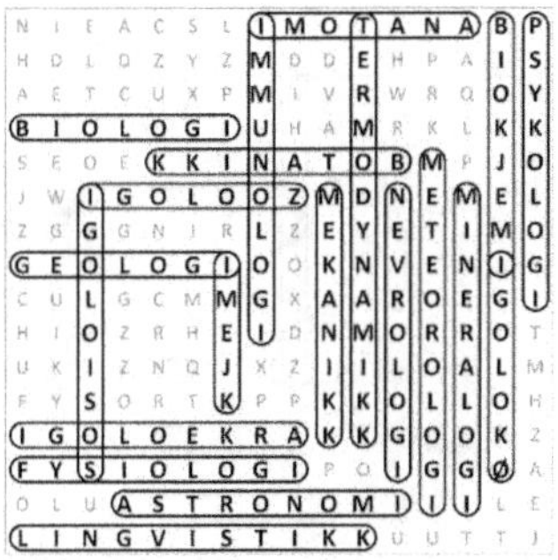

83 - Maladie

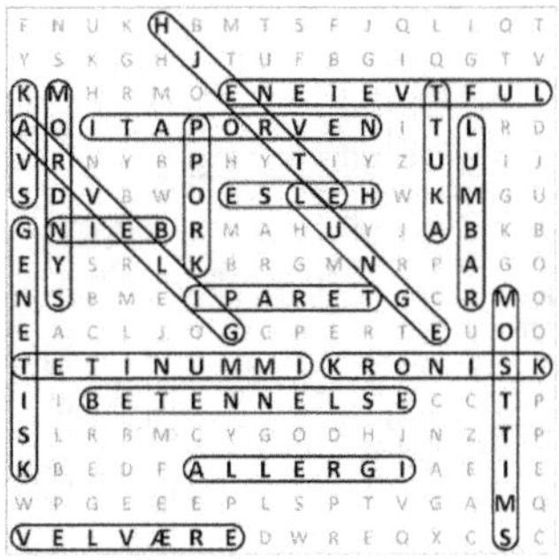

84 - Univers

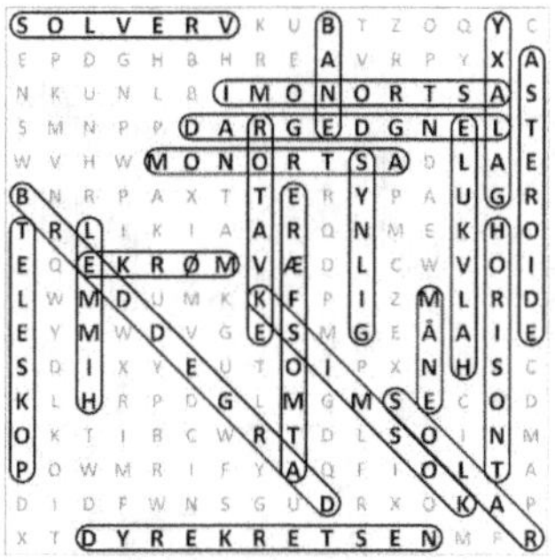

85 - Géographie

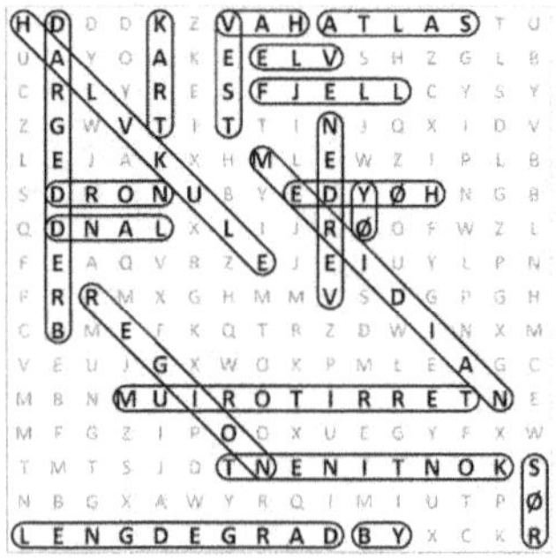

86 - Danse

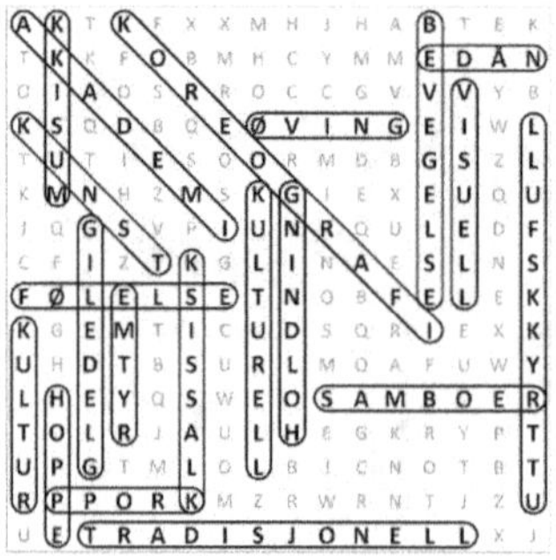

87 - Bâtiments

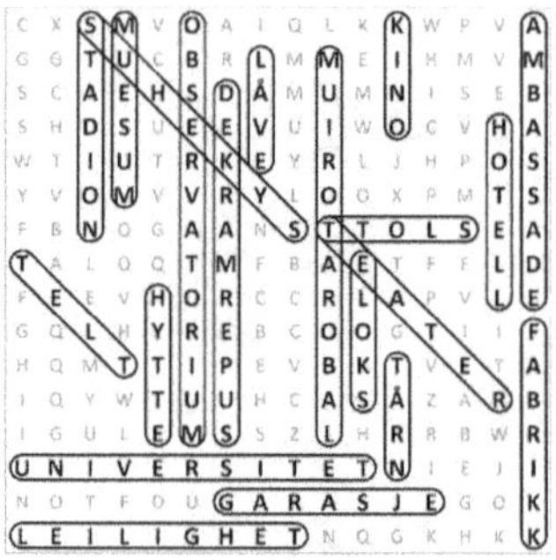

88 - Livres

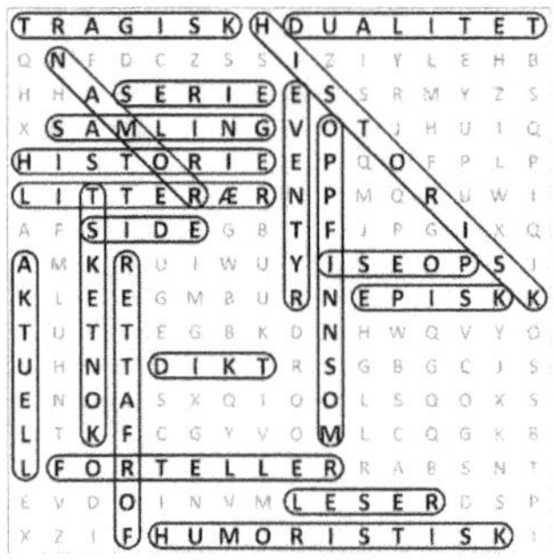

89 - Pays #2

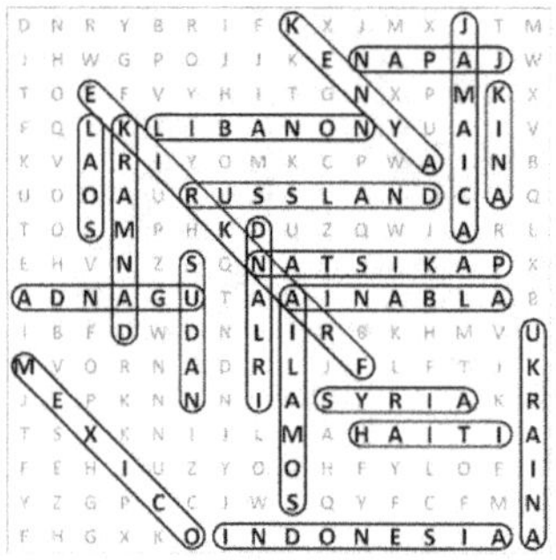

90 - Fournitures d'Art

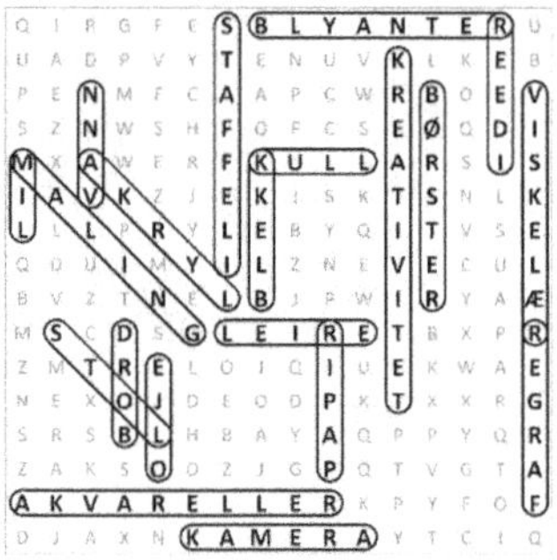

91 - Eau

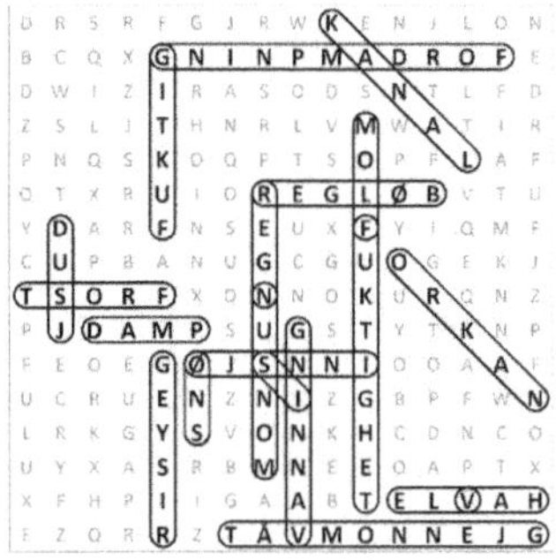

92 - Jazz

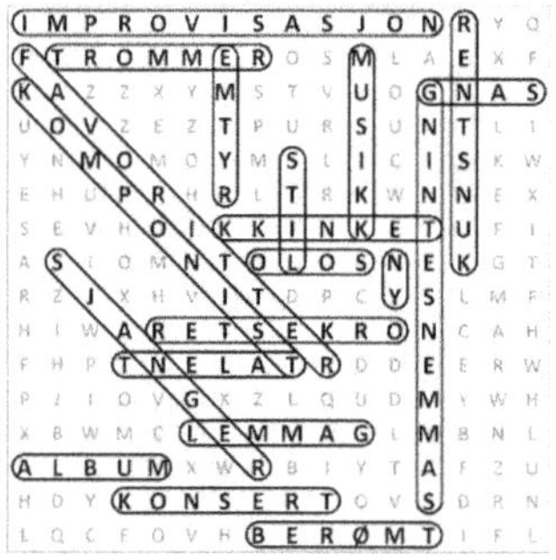

93 - Paysages

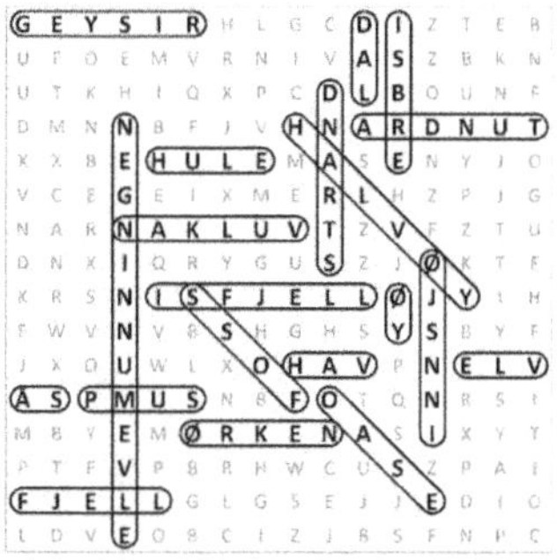

94 - Pays #1

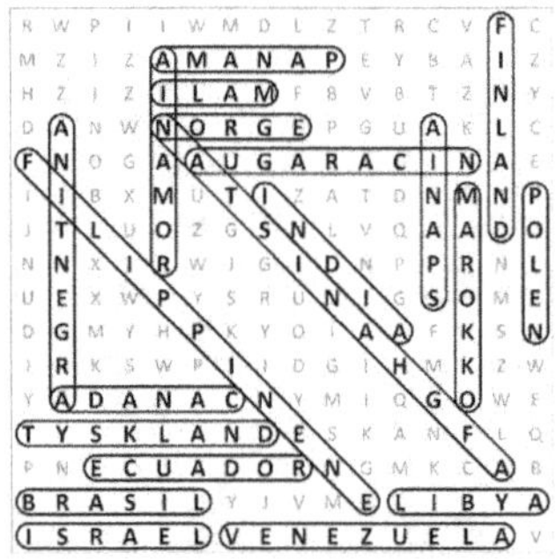

95 - Nombres

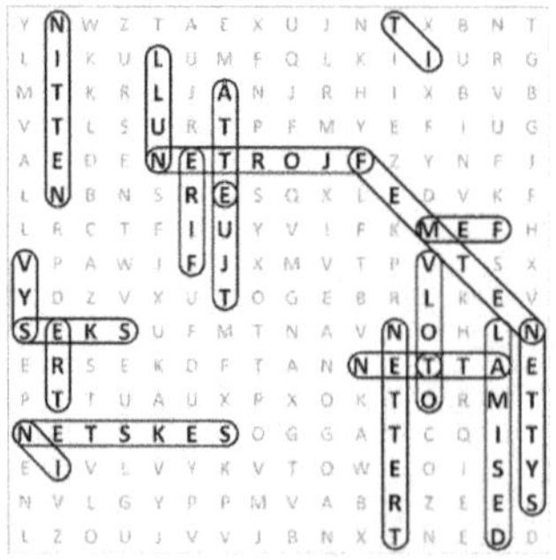

96 - Psychologie

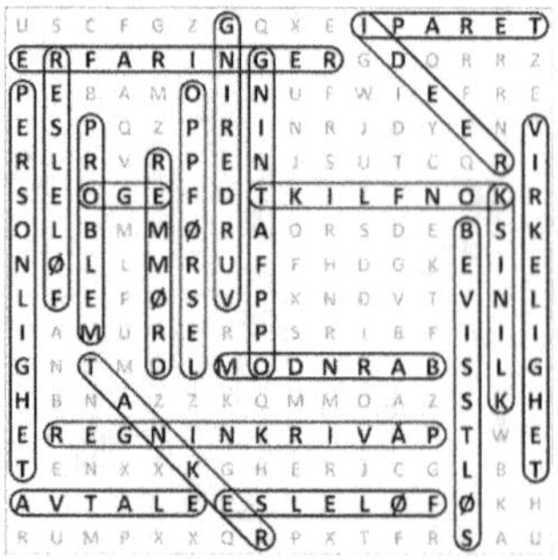

97 - Nature

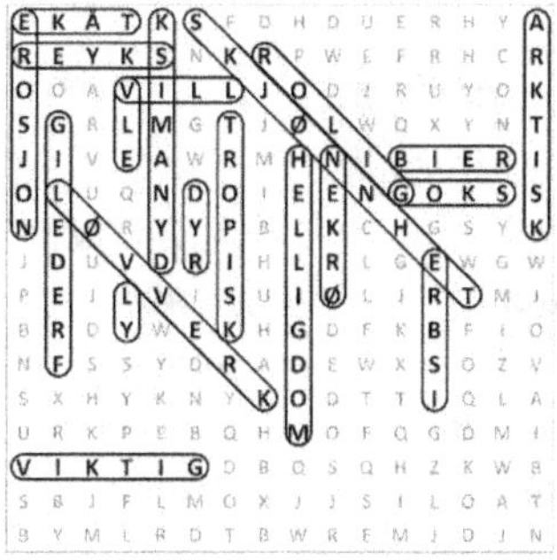

98 - Chimie

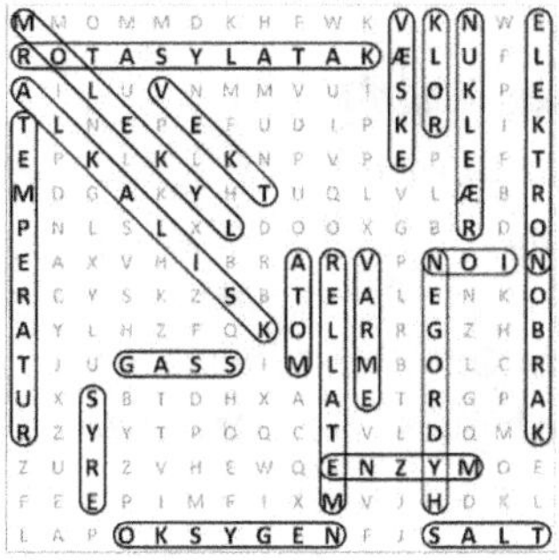

99 - Bateaux

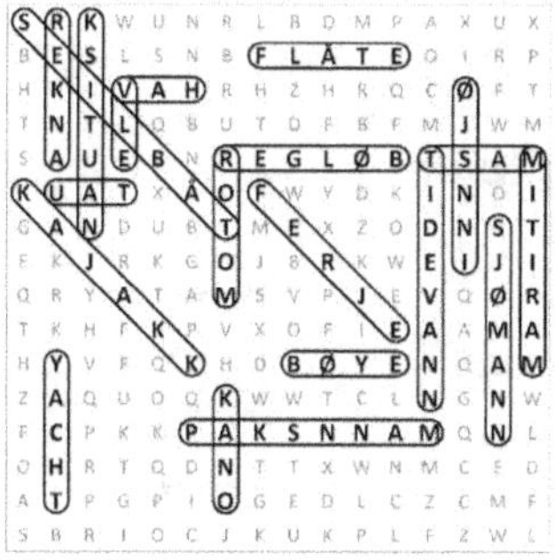

100 - Mesures

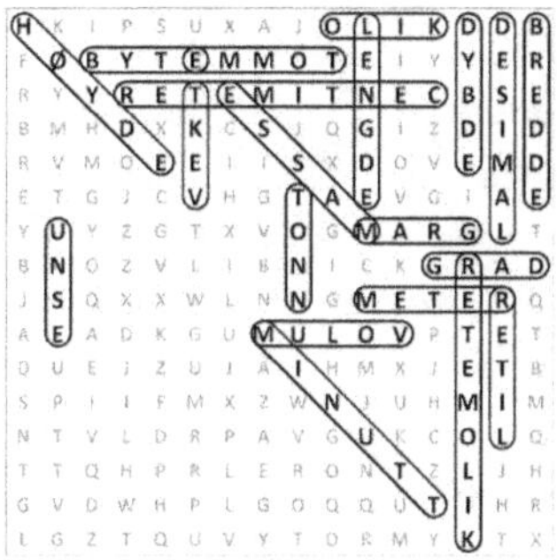

Dictionnaire

Activités
Aktiviteter

Activité	Aktivitet
Art	Kunst
Artisanat	Håndverk
Camping	Camping
Céramique	Keramikk
Chasse	Jakt
Compétence	Ferdighet
Couture	Sy
Intérêts	Interesser
Jardinage	Hagearbeid
Jeux	Spill
Lecture	Lesing
Loisir	Fritid
Magie	Magi
Peinture	Maleri
Pêche	Fiske
Photographie	Fotografering
Plaisir	Glede
Randonnée	Fotturer
Relaxation	Avslapning

Adjectifs #1
Adjektiver #1

Absolu	Absolutt
Actif	Aktiv
Ambitieux	Ambisiøs
Aromatique	Aromatisk
Artistique	Kunstnerisk
Attractif	Attraktiv
Beau	Vakker
Exotique	Eksotisk
Énorme	Enorm
Généreux	Sjenerøs
Honnête	Ærlig
Identique	Identisk
Important	Viktig
Innocent	Uskyldig
Jeune	Ung
Lent	Langsom
Lourd	Tung
Mince	Tynn
Moderne	Moderne
Parfait	Perfekt

Adjectifs #2
Adjektiver #2

Authentique	Autentisk
Célèbre	Berømt
Créatif	Kreativ
Descriptif	Beskrivende
Doué	Begavet
Dramatique	Dramatisk
Élégant	Elegant
Fier	Stolt
Fort	Sterk
Intéressant	Interessant
Naturel	Naturlig
Nouveau	Ny
Productif	Produktiv
Puissant	Kraftig
Pur	Ren
Responsable	Ansvarlig
Sain	Sunn
Salé	Salt
Sauvage	Vill
Sec	Tørr

Agronomie
Agronomi

Agriculture	Landbruk
Croissance	Vekst
Eau	Vann
Engrais	Gjødsel
Environnement	Miljø
Écologie	Økologi
Énergie	Energi
Érosion	Erosjon
Étude	Studere
Graines	Frø
Légumes	Grønnsaker
Maladies	Sykdommer
Nourriture	Mat
Pollution	Forurensing
Production	Produksjon
Recherche	Forskning
Rural	Landlig
Science	Vitenskap
Sol	Jord
Systèmes	Systemer

Algèbre
Algebra

Diagramme	Diagram
Exposant	Eksponent
Équation	Ligning
Facteur	Faktor
Faux	Falsk
Formule	Formel
Fraction	Brøkdel
Infini	Uendelig
Linéaire	Lineær
Matrice	Matrise
Nombre	Nummer
Parenthèse	Parentes
Problème	Problem
Quantité	Mengde
Simplifier	Forenkle
Solution	Løsning
Somme	Sum
Soustraction	Subtraksjon
Variable	Variabel
Zéro	Null

Antarctique
Antarktis

Baie	Bukt
Baleines	Hval
Chercheur	Forsker
Conservation	Bevaring
Continent	Kontinent
Eau	Vann
Environnement	Miljø
Expédition	Ekspedisjon
Géographie	Geografi
Glace	Is
Glaciers	Isbreer
Îles	Øyer
Migration	Migrasjon
Minéraux	Mineraler
Oiseaux	Fugler
Péninsule	Halvøy
Rocheux	Steinete
Scientifique	Vitenskapelig
Température	Temperatur
Topographie	Topografi

Antiquités
Antikviteter

Art	Kunst
Authentique	Autentisk
Bijoux	Smykker
Décoratif	Dekorativ
Enchères	Auksjon
Élégant	Elegant
Galerie	Galleri
Inhabituel	Uvanlig
Investissement	Investering
Meubles	Møbler
Peintures	Malerier
Pièces	Mynter
Prix	Pris
Qualité	Kvalitet
Restauration	Restaurering
Sculpture	Skulptur
Siècle	Århundre
Style	Stil
Valeur	Verdi
Vieux	Gammel

Archéologie
Arkeologi

Analyse	Analyse
Antiquité	Antikken
Chercheur	Forsker
Civilisation	Sivilisasjon
Descendant	Etterkommer
Expert	Ekspert
Ère	Æra
Équipe	Team
Évaluation	Vurdering
Fossile	Fossilt
Inconnu	Ukjent
Mystère	Mysterium
Objets	Objekter
Os	Bein
Oublié	Glemt
Poterie	Keramikk
Professeur	Professor
Relique	Relikvie
Temple	Tempel
Tombe	Grav

Art
Kunst

Céramique	Keramisk
Complexe	Kompleks
Composition	Sammensetning
Créer	Skape
Dépeindre	Skildre
Expression	Uttrykk
Figure	Figur
Honnête	Ærlig
Humeur	Humør
Inspiré	Inspirert
Original	Original
Peintures	Malerier
Personnel	Personlig
Poésie	Poesi
Sculpture	Skulptur
Simple	Enkel
Sujet	Emne
Surréalisme	Surrealisme
Symbole	Symbol
Visuel	Visuell

Arts Visuels
Bildende Kunst

Architecture	Arkitektur
Argile	Leire
Artiste	Artist
Céramique	Keramikk
Charbon	Kull
Chef-D'Œuvre	Mesterverk
Chevalet	Staffeli
Cire	Voks
Composition	Sammensetning
Craie	Kritt
Crayon	Blyant
Créativité	Kreativitet
Film	Film
Peinture	Maleri
Perspective	Perspektiv
Pochoir	Sjablong
Portrait	Portrett
Sculpture	Skulptur
Stylo	Penn
Vernis	Lakk

Astronomie
Astronomi

Astéroïde	Asteroide
Astronaute	Astronaut
Astronome	Astronom
Ciel	Himmel
Constellation	Konstellasjon
Cosmos	Kosmos
Éclipse	Formørkelse
Équinoxe	Equinox
Fusée	Rakett
Galaxie	Galaxy
Lune	Måne
Météore	Meteor
Nébuleuse	Stjernetåke
Observatoire	Observatorium
Planète	Planet
Radiation	Stråling
Solaire	Solar
Supernova	Supernova
Terre	Jord
Univers	Univers

Aventure
Eventyr

Activité	Aktivitet
Beauté	Skjønnhet
Chance	Sjanse
Dangereux	Farlig
Destination	Destinasjon
Défis	Utfordringer
Difficulté	Vanskelighet
Enthousiasme	Entusiasme
Excursion	Utflukt
Inhabituel	Uvanlig
Itinéraire	Reiserute
Joie	Glede
Nature	Natur
Navigation	Navigasjon
Nouveau	Ny
Opportunité	Mulighet
Préparation	Forberedelse
Sécurité	Sikkerhet
Surprenant	Overraskende
Voyages	Reiser

Avions
Fly

Air	Luft
Atmosphère	Atmosfære
Atterrissage	Landing
Aventure	Eventyr
Ballon	Ballong
Carburant	Brensel
Ciel	Himmel
Construction	Konstruksjon
Descente	Avstamning
Direction	Retning
Équipage	Mannskap
Hauteur	Høyde
Hélices	Propeller
Histoire	Historie
Hydrogène	Hydrogen
Moteur	Motor
Naviguer	Navigere
Passager	Passasjer
Pilote	Pilot
Turbulence	Turbulens

Ballet
Ballett

Applaudissement	Applaus
Artistique	Kunstnerisk
Ballerine	Ballerina
Chorégraphie	Koreografi
Compétence	Ferdighet
Compositeur	Komponist
Danseurs	Dansere
Expressif	Uttrykksfull
Geste	Gest
Gracieux	Grasiøs
Intensité	Intensitet
Muscles	Muskler
Musique	Musikk
Orchestre	Orkester
Public	Publikum
Répétition	Øving
Rythme	Rytme
Solo	Solo
Style	Stil
Technique	Teknikk

Barbecues
Grilling

Chaud	Varmt
Couteaux	Kniver
Déjeuner	Lunsj
Dîner	Middag
Enfants	Barn
Été	Sommer
Faim	Sult
Famille	Familie
Fruit	Frukt
Gril	Grille
Jeux	Spill
Légumes	Grønnsaker
Musique	Musikk
Oignons	Løk
Poivre	Pepper
Poulet	Kylling
Salades	Salater
Sauce	Saus
Sel	Salt
Tomates	Tomater

Bateaux
Båter

Ancre	Anker
Bouée	Bøye
Canoë	Kano
Corde	Tau
Équipage	Mannskap
Ferry	Ferje
Fleuve	Elv
Kayak	Kajakk
Lac	Innsjø
Marée	Tidevann
Marin	Sjømann
Maritime	Maritim
Mât	Mast
Mer	Hav
Moteur	Motor
Nautique	Nautisk
Radeau	Flåte
Vagues	Bølger
Voilier	Seilbåt
Yacht	Yacht

Bâtiments
Bygningsmasse

Ambassade	Ambassade
Appartement	Leilighet
Cabine	Hytte
Château	Slott
Cinéma	Kino
École	Skole
Garage	Garasje
Grange	Låve
Hôpital	Sykehus
Hôtel	Hotell
Laboratoire	Laboratorium
Musée	Museum
Observatoire	Observatorium
Stade	Stadion
Supermarché	Supermarked
Tente	Telt
Théâtre	Teater
Tour	Tårn
Université	Universitet
Usine	Fabrikk

Beauté
Skjønnhet

Boucles	Krøller
Charme	Sjarm
Ciseaux	Saks
Cosmétique	Kosmetikk
Couleur	Farge
Élégance	Eleganse
Élégant	Elegant
Grâce	Nåde
Huiles	Oljer
Lisse	Glatt
Maquillage	Sminke
Mascara	Mascara
Miroir	Speil
Parfum	Duft
Peau	Hud
Photogénique	Fotogen
Rouge à Lèvres	Leppestift
Services	Tjenester
Shampooing	Sjampo
Styliste	Stylist

Biologie
Biologi

Anatomie	Anatomi
Bactéries	Bakterie
Cellule	Celle
Chromosome	Kromosom
Collagène	Kollagen
Embryon	Embryo
Enzyme	Enzym
Évolution	Evolusjon
Hormone	Hormon
Mammifère	Pattedyr
Mutation	Mutasjon
Naturel	Naturlig
Nerf	Nerve
Neurone	Nevron
Osmose	Osmose
Photosynthèse	Fotosyntese
Protéine	Protein
Reptile	Reptil
Symbiose	Symbiose
Synapse	Synapse

Camping
Camping

Animaux	Dyr
Arbres	Trær
Aventure	Eventyr
Boussole	Kompass
Cabine	Hytte
Canoë	Kano
Carte	Kart
Chapeau	Hatt
Chasse	Jakt
Corde	Tau
Équipement	Utstyr
Feu	Brann
Forêt	Skog
Hamac	Hengekøye
Insecte	Insekt
Lac	Innsjø
Lune	Måne
Montagne	Fjell
Nature	Natur
Tente	Telt

Chimie
Kjemi

Acide	Syre
Alcalin	Alkalisk
Atomique	Atom
Carbone	Karbon
Catalyseur	Katalysator
Chaleur	Varme
Chlore	Klor
Enzyme	Enzym
Électron	Elektron
Gaz	Gass
Hydrogène	Hydrogen
Ion	Ion
Liquide	Væske
Métaux	Metaller
Molécule	Molekyl
Nucléaire	Nukleær
Oxygène	Oksygen
Poids	Vekt
Sel	Salt
Température	Temperatur

Conduite
Kjøring

Accident	Ulykke
Camion	Lastebil
Carburant	Brensel
Carte	Kart
Danger	Fare
Freins	Bremser
Garage	Garasje
Gaz	Gass
Licence	Lisens
Moteur	Motor
Moto	Motorsykkel
Piéton	Fotgjenger
Police	Politi
Route	Vei
Sécurité	Sikkerhet
Trafic	Trafikk
Transport	Transport
Tunnel	Tunnel
Vitesse	Hastighet
Voiture	Bil

Corps Humain
Menneskekroppen

Bouche	Munn
Cerveau	Hjerne
Cheville	Ankel
Cou	Hals
Coude	Albue
Cœur	Hjerte
Doigt	Finger
Estomac	Mage
Épaule	Skulder
Genou	Kne
Lèvres	Lepper
Main	Hånd
Mâchoire	Kjeve
Menton	Hake
Nez	Nese
Oreille	Øre
Peau	Hud
Sang	Blod
Tête	Hode
Visage	Ansikt

Créativité
Kreativitet

Artistique	Kunstnerisk
Authenticité	Autentisitet
Clarté	Klarhet
Compétence	Ferdighet
Dramatique	Dramatisk
Expression	Uttrykk
Émotions	Følelser
Fluidité	Flyt
Idées	Ideer
Image	Bilde
Imagination	Fantasi
Impression	Inntrykk
Inspiration	Inspirasjon
Intensité	Intensitet
Intuition	Intuisjon
Inventif	Oppfinnsom
Sensation	Følelse
Spontané	Spontan
Visions	Visjoner
Vitalité	Vitalitet

Cuisine
Kjøkken

Baguettes	Spisepinner
Bol	Bolle
Bouilloire	Kjele
Congélateur	Fryser
Couteaux	Kniver
Cruche	Mugge
Cuillères	Skjeer
Épices	Krydder
Éponge	Svamp
Four	Ovn
Fourchettes	Gafler
Gril	Grille
Louche	Øse
Nourriture	Mat
Pot	Krukke
Recette	Oppskrift
Réfrigérateur	Kjøleskap
Serviette	Serviett
Tablier	Forkle
Tasses	Kopper

Danse
Danse

Académie	Akademi
Art	Kunst
Chorégraphie	Koreografi
Classique	Klassisk
Corps	Kropp
Culture	Kultur
Culturel	Kulturell
Expressif	Uttrykksfull
Émotion	Følelse
Grâce	Nåde
Joyeux	Gledelig
Mouvement	Bevegelse
Musique	Musikk
Partenaire	Samboer
Posture	Holdning
Répétition	Øving
Rythme	Rytme
Saut	Hoppe
Traditionnel	Tradisjonell
Visuel	Visuell

Diplomatie
Diplomati

Ambassade	Ambassade
Ambassadeur	Ambassadør
Citoyens	Borgere
Communauté	Samfunnet
Conflit	Konflikt
Conseiller	Rådgiver
Coopération	Samarbeid
Diplomatique	Diplomatisk
Discussion	Diskusjon
Éthique	Etikk
Étranger	Fremmed
Gouvernement	Regjering
Humanitaire	Humanitær
Intégrité	Integritet
Justice	Rettferdighet
Politique	Politikk
Résolution	Vedtak
Sécurité	Sikkerhet
Solution	Løsning
Traité	Traktat

Disciplines Scientifiques
Vitenskapelige Disipliner

Anatomie	Anatomi
Archéologie	Arkeologi
Astronomie	Astronomi
Biochimie	Biokjemi
Biologie	Biologi
Botanique	Botanikk
Chimie	Kjemi
Écologie	Økologi
Géologie	Geologi
Immunologie	Immunologi
Linguistique	Lingvistikk
Mécanique	Mekanikk
Météorologie	Meteorologi
Minéralogie	Mineralogi
Neurologie	Nevrologi
Physiologie	Fysiologi
Psychologie	Psykologi
Sociologie	Sosiologi
Thermodynamique	Termodynamikk
Zoologie	Zoologi

Eau
Vann

Canal	Kanal
Douche	Dusj
Évaporation	Fordampning
Fleuve	Elv
Gel	Frost
Geyser	Geysir
Glace	Is
Humide	Fuktig
Humidité	Fuktighet
Inondation	Flom
Irrigation	Vanning
Lac	Innsjø
Mousson	Monsun
Neige	Snø
Océan	Hav
Ouragan	Orkan
Pluie	Regn
Trempé	Gjennomvåt
Vagues	Bølger
Vapeur	Damp

Entreprise
Forretninger

Argent	Penger
Boutique	Butikk
Budget	Budsjett
Bureau	Kontor
Carrière	Karriere
Coût	Koste
Devise	Valuta
Employeur	Arbeidsgiver
Employé	Ansatt
Entreprise	Selskap
Économie	Økonomi
Finance	Finans
Impôts	Skatter
Investissement	Investering
Marchandise	Handelsvarer
Profit	Profitt
Revenu	Inntekt
Transaction	Transaksjon
Usine	Fabrikk
Vente	Salg

Écologie
Økologi

Bénévoles	Frivillige
Climat	Klima
Communautés	Samfunn
Diversité	Mangfold
Durable	Bærekraftig
Espèce	Art
Faune	Fauna
Flore	Flora
Global	Global
Habitat	Habitat
Marais	Myr
Marin	Marine
Montagnes	Fjell
Nature	Natur
Naturel	Naturlig
Plantes	Planter
Ressources	Ressurser
Sécheresse	Tørke
Survie	Overlevelse
Végétation	Vegetasjon

Électricité
Elektrisitet

Aimant	Magnet
Ampoule	Pære
Batterie	Batteri
Câble	Kabel
Électricien	Elektriker
Électrique	Elektrisk
Équipement	Utstyr
Fils	Ledninger
Générateur	Generator
Lampe	Lampe
Laser	Laser
Négatif	Negativ
Objets	Objekter
Positif	Positiv
Prise	Stikkontakt
Quantité	Mengde
Réseau	Nettverk
Stockage	Lagring
Téléphone	Telefon
Télévision	Tv

Énergie
Energi

Batterie	Batteri
Carbone	Karbon
Carburant	Brensel
Chaleur	Varme
Diesel	Diesel
Entropie	Entropi
Environnement	Miljø
Essence	Bensin
Électrique	Elektrisk
Électron	Elektron
Hydrogène	Hydrogen
Industrie	Industri
Moteur	Motor
Nucléaire	Nukleær
Photon	Foton
Pollution	Forurensing
Renouvelable	Fornybar
Soleil	Sol
Turbine	Turbin
Vent	Vind

Épices
Krydder

Aigre	Sur
Ail	Hvitløk
Amer	Bitter
Anis	Anis
Cannelle	Kanel
Cardamome	Kardemomme
Coriandre	Koriander
Cumin	Spisskummen
Curry	Karri
Fenouil	Fennikel
Gingembre	Ingefær
Muscade	Muskat
Oignon	Løk
Paprika	Paprika
Poivre	Pepper
Réglisse	Lakris
Safran	Safran
Saveur	Smak
Sel	Salt
Vanille	Vanilje

Famille
Familien

Ancêtre	Stamfar
Cousin	Fetter
Enfance	Barndom
Enfant	Barn
Femme	Kone
Fille	Datter
Frère	Bror
Grand-Mère	Bestemor
Grand-Père	Bestefar
Mari	Ektemann
Maternel	Mors
Mère	Mor
Neveu	Nevø
Nièce	Niese
Oncle	Onkel
Paternel	Faderlig
Petit-Fils	Barnebarn
Père	Far
Soeur	Søster
Tante	Tante

Ferme #1
Gården #1

Abeille	Bie
Agriculture	Landbruk
Âne	Esel
Bison	Bison
Champ	Felt
Chat	Katt
Cheval	Hest
Chèvre	Geit
Chien	Hund
Clôture	Gjerde
Corbeau	Kråke
Eau	Vann
Engrais	Gjødsel
Foin	Høy
Miel	Honning
Poulet	Kylling
Riz	Ris
Troupeau	Flokk
Vache	Ku
Veau	Kalv

Ferme #2
Gården #2

Agneau	Lam
Agriculteur	Bonde
Animaux	Dyr
Berger	Hyrde
Blé	Hvete
Canard	And
Fruit	Frukt
Grange	Låve
Irrigation	Vanning
Lait	Melk
Lama	Lama
Légume	Grønnsak
Maïs	Korn
Mouton	Sau
Nourriture	Mat
Orge	Bygg
Pré	Eng
Ruche	Bikube
Tracteur	Traktor
Verger	Frukthage

Fleurs
Blomster

Bouquet	Bukett
Gardénia	Gardenia
Hibiscus	Hibiskus
Jasmin	Sjasmin
Jonquille	Påskelilje
Lavande	Lavendel
Lilas	Lilla
Lys	Lilje
Magnolia	Magnolia
Marguerite	Tusenfryd
Orchidée	Orkidé
Passiflore	Pasjonsblomst
Pavot	Valmue
Pétale	Kronblad
Pissenlit	Løvetann
Pivoine	Peon
Rose	Rose
Tournesol	Solsikke
Trèfle	Kløver
Tulipe	Tulipan

Force et Gravité
Kraft og Gravitasjon

Axe	Akser
Centre	Sentrum
Découverte	Oppdagelse
Distance	Avstand
Dynamique	Dynamisk
Expansion	Utvidelse
Friction	Friksjon
Impact	Innvirkning
Magnétisme	Magnetisme
Mécanique	Mekanikk
Mouvement	Bevegelse
Orbite	Bane
Physique	Fysikk
Planètes	Planeter
Poids	Vekt
Pression	Press
Propriétés	Egenskaper
Temps	Tid
Universel	Universell
Vitesse	Hastighet

Forêt Tropicale
Regnskogen

Amphibiens	Amfibier
Botanique	Botanisk
Climat	Klima
Communauté	Samfunnet
Diversité	Mangfold
Espèce	Art
Indigène	Urfolk
Insectes	Insekter
Jungle	Jungel
Mammifères	Pattedyr
Mousse	Mose
Nature	Natur
Nuage	Skyer
Oiseaux	Fugler
Précieux	Verdifull
Préservation	Bevaring
Refuge	Tilflukt
Respect	Respekt
Restauration	Restaurering
Survie	Overlevelse

Formes
Former

Arc	Bue
Bords	Kanter
Carré	Torget
Cercle	Sirkel
Coin	Hjørne
Courbe	Kurve
Cône	Kjegle
Côté	Side
Cube	Kube
Cylindre	Sylinder
Ellipse	Ellipse
Hyperbole	Hyperbola
Ligne	Linje
Ovale	Oval
Polygone	Polygon
Prisme	Prisme
Pyramide	Pyramide
Rectangle	Rektangel
Sphère	Sfære
Triangle	Trekant

Fournitures d'Art
Kunst Forsyninger

Acrylique	Akryl
Aquarelles	Akvareller
Argile	Leire
Brosses	Børster
Caméra	Kamera
Chaise	Stol
Charbon	Kull
Chevalet	Staffeli
Colle	Lim
Couleurs	Farger
Crayons	Blyanter
Créativité	Kreativitet
Eau	Vann
Encre	Blekk
Gomme	Viskelær
Huile	Olje
Idées	Ideer
Papier	Papir
Peinture	Maling
Table	Bord

Fruit
Frukt

Abricot	Aprikos
Ananas	Ananas
Avocat	Avokado
Baie	Bær
Banane	Banan
Cerise	Kirsebær
Citron	Sitron
Figue	Fig
Framboise	Bringebær
Goyave	Guava
Kiwi	Kiwi
Mangue	Mango
Melon	Melon
Nectarine	Nektarin
Orange	Oransje
Papaye	Papaya
Pêche	Fersken
Poire	Pære
Pomme	Eple
Raisin	Drue

Géographie
Geografi

Altitude	Høyde
Atlas	Atlas
Carte	Kart
Continent	Kontinent
Fleuve	Elv
Hémisphère	Halvkule
Île	Øy
Latitude	Breddegrad
Longitude	Lengdegrad
Mer	Hav
Méridien	Meridian
Monde	Verden
Montagne	Fjell
Nord	Nord
Ouest	Vest
Pays	Land
Région	Region
Sud	Sør
Territoire	Territorium
Ville	By

Géologie
Geologi

Acide	Syre
Calcium	Kalsium
Caverne	Hule
Continent	Kontinent
Corail	Korall
Couche	Lag
Cristaux	Crystal
Érosion	Erosjon
Fondu	Smeltet
Fossile	Fossilt
Geyser	Geysir
Lave	Lava
Minéraux	Mineraler
Pierre	Stein
Plateau	Platå
Quartz	Kvarts
Sel	Salt
Stalactite	Stalaktitt
Volcan	Vulkan
Zone	Sone

Géométrie
Geometri

Angle	Vinkel
Calcul	Beregning
Cercle	Sirkel
Courbe	Kurve
Diamètre	Diameter
Dimension	Dimensjon
Équation	Ligning
Hauteur	Høyde
Logique	Logikk
Masse	Masse
Médian	Median
Nombre	Nummer
Parallèle	Parallell
Proportion	Andel
Segment	Segmentet
Surface	Flate
Symétrie	Symmetri
Théorie	Teori
Triangle	Trekant
Vertical	Vertikal

Gouvernement
Myndighetene

Civil	Sivil
Constitution	Grunnlov
Démocratie	Demokrati
Discours	Tale
Discussion	Diskusjon
District	Distrikt
Droits	Rettigheter
Égalité	Likestilling
État	Stat
Indépendance	Uavhengighet
Judiciaire	Rettslig
Justice	Rettferdighet
Liberté	Frihet
Loi	Lov
Monument	Monument
Nation	Nasjon
National	Nasjonal
Paisible	Fredelig
Politique	Politikk
Symbole	Symbol

Herboristerie
Urtemedisin

Ail	Hvitløk
Aromatique	Aromatisk
Basilic	Basilikum
Bénéfique	Gunstig
Culinaire	Kulinarisk
Estragon	Estragon
Fenouil	Fennikel
Fleur	Blomst
Ingrédient	Ingrediens
Jardin	Hage
Lavande	Lavendel
Marjolaine	Marjoram
Menthe	Mynte
Persil	Persille
Qualité	Kvalitet
Romarin	Rosmarin
Safran	Safran
Saveur	Smak
Thym	Timian
Vert	Grønn

Ingénierie
Teknisk

Angle	Vinkel
Axe	Akser
Calcul	Beregning
Construction	Konstruksjon
Diagramme	Diagram
Diamètre	Diameter
Diesel	Diesel
Distribution	Distribusjon
Énergie	Energi
Force	Styrke
Leviers	Spaker
Liquide	Væske
Machine	Maskin
Mesure	Mål
Moteur	Motor
Profondeur	Dybde
Propulsion	Fremdrift
Rotation	Rotasjon
Stabilité	Stabilitet
Structure	Struktur

Instruments de Musique
Musikkinstrumenter

Banjo	Banjo
Basson	Fagott
Clarinette	Klarinett
Flûte	Fløyte
Gong	Gong
Guitare	Gitar
Harmonica	Munnspill
Harpe	Harpe
Hautbois	Obo
Mandoline	Mandolin
Marimba	Marimba
Percussion	Perkusjon
Piano	Piano
Saxophone	Saksofon
Tambour	Tromme
Tambourin	Tamburin
Trombone	Trombone
Trompette	Trompet
Violon	Fiolin
Violoncelle	Cello

Jardin
Hage

Arbre	Tre
Banc	Benk
Buisson	Busk
Clôture	Gjerde
Étang	Dam
Fleur	Blomst
Garage	Garasje
Hamac	Hengekøye
Herbe	Gress
Jardin	Hage
Mauvaises Herbes	Ugress
Pelle	Spade
Pelouse	Plen
Râteau	Rake
Sol	Jord
Terrasse	Terrasse
Trampoline	Trampoline
Tuyau	Slange
Verger	Frukthage
Vigne	Vintreet

Jardinage
Hagearbeid

Botanique	Botanisk
Bouquet	Bukett
Climat	Klima
Comestible	Spiselig
Compost	Kompost
Eau	Vann
Espèce	Art
Exotique	Eksotisk
Feuillage	Løvverk
Feuille	Blad
Fleur	Blomstre
Floral	Blomster
Graines	Frø
Humidité	Fuktighet
Récipient	Beholder
Saisonnier	Sesongmessig
Saleté	Skitt
Sol	Jord
Tuyau	Slange
Verger	Frukthage

Jazz
Jazz

Album	Album
Artiste	Kunstner
Célèbre	Berømt
Chanson	Sang
Compositeur	Komponist
Composition	Sammensetning
Concert	Konsert
Favoris	Favoritter
Genre	Sjanger
Improvisation	Improvisasjon
Musique	Musikk
Nouveau	Ny
Orchestre	Orkester
Rythme	Rytme
Solo	Solo
Style	Stil
Talent	Talent
Tambours	Trommer
Technique	Teknikk
Vieux	Gammel

Jours et Mois
Dager og Måneder

Août	August
Avril	April
Calendrier	Kalender
Dimanche	Søndag
Février	Februar
Janvier	Januar
Jeudi	Torsdag
Juillet	Juli
Juin	Juni
Lundi	Mandag
Mardi	Tirsdag
Mars	Mars
Mercredi	Onsdag
Mois	Måned
Novembre	November
Octobre	Oktober
Samedi	Lørdag
Semaine	Uke
Septembre	September
Vendredi	Fredag

L'Entreprise
Selskapet

Affaires	Virksomhet
Créatif	Kreativ
Décision	Beslutning
Emploi	Sysselsetting
Global	Global
Industrie	Industri
Innovant	Innovativ
Investissement	Investering
Possibilité	Mulighet
Présentation	Presentasjon
Produit	Produkt
Professionnel	Profesjonell
Progrès	Framgang
Qualité	Kvalitet
Ressources	Ressurser
Revenu	Inntekter
Réputation	Rykte
Risques	Risiko
Tendances	Trender
Unités	Enheter

Les Abeilles
Bier

Ailes	Vinger
Bénéfique	Gunstig
Cire	Voks
Diversité	Mangfold
Essaim	Sverm
Écosystème	Økosystem
Fleur	Blomstre
Fleurs	Blomster
Fruit	Frukt
Fumée	Røyk
Habitat	Habitat
Insecte	Insekt
Jardin	Hage
Miel	Honning
Nourriture	Mat
Plantes	Planter
Pollen	Pollen
Reine	Dronning
Ruche	Bikube
Soleil	Sol

Les Médias
Mediene

Attitudes	Holdninger
Commercial	Kommersiell
Communication	Kommunikasjon
En Ligne	Online
Édition	Utgave
Éducation	Utdanning
Faits	Fakta
Financement	Finansiering
Individuel	Individ
Industrie	Industri
Intellectuel	Intellektuell
Journaux	Aviser
Local	Lokal
Numérique	Digitalt
Opinion	Mening
Photos	Bilder
Public	Offentlig
Radio	Radio
Réseau	Nettverk
Télévision	Tv

Légumes
Grønnsaker

Ail	Hvitløk
Artichaut	Artisjokk
Aubergine	Aubergine
Brocoli	Brokkoli
Carotte	Gulrot
Céleri	Selleri
Champignon	Sopp
Citrouille	Gresskar
Concombre	Agurk
Échalote	Sjalottløk
Épinard	Spinat
Gingembre	Ingefær
Navet	Nepe
Oignon	Løk
Olive	Oliven
Persil	Persille
Pois	Ert
Radis	Reddik
Salade	Salat
Tomate	Tomat

Littérature
Litteratur

Analogie	Analogi
Analyse	Analyse
Anecdote	Anekdote
Auteur	Forfatter
Biographie	Biografi
Comparaison	Sammenligning
Conclusion	Konklusjon
Description	Beskrivelse
Dialogue	Dialog
Métaphore	Metafor
Narrateur	Forteller
Opinion	Mening
Poème	Dikt
Poétique	Poetisk
Rime	Rim
Roman	Roman
Rythme	Rytme
Style	Stil
Thème	Tema
Tragédie	Tragedie

Livres
Reserve

Auteur	Forfatter
Aventure	Eventyr
Collection	Samling
Contexte	Kontekst
Dualité	Dualitet
Épique	Episk
Histoire	Historie
Historique	Historisk
Humoristique	Humoristisk
Inventif	Oppfinnsom
Lecteur	Leser
Littéraire	Litterær
Narrateur	Forteller
Page	Side
Pertinent	Aktuell
Poème	Dikt
Poésie	Poesi
Roman	Roman
Série	Serie
Tragique	Tragisk

Maison
Hus

Balai	Kost
Bibliothèque	Bibliotek
Chambre	Rom
Cheminée	Peis
Clés	Nøkler
Clôture	Gjerde
Cuisine	Kjøkken
Douche	Dusj
Fenêtre	Vindu
Garage	Garasje
Grenier	Loft
Jardin	Hage
Lampe	Lampe
Miroir	Speil
Mur	Vegg
Porte	Dør
Rideaux	Gardiner
Sous-Sol	Kjeller
Tapis	Teppe
Toit	Tak

Maladie
Sykdom

Aigu	Akutt
Allergies	Allergi
Bien-Être	Velvære
Chronique	Kronisk
Contagieux	Smittsom
Corps	Kropp
Cœur	Hjerte
Faible	Svak
Génétique	Genetisk
Héréditaire	Arvelig
Immunité	Immunitet
Inflammation	Betennelse
Lombaire	Lumbar
Neuropathie	Nevropati
Os	Bein
Pulmonaire	Lunge
Respiratoire	Luftveiene
Santé	Helse
Syndrome	Syndrom
Thérapie	Terapi

Mammifères
Pattedyr

Baleine	Hval
Chat	Katt
Cheval	Hest
Chien	Hund
Coyote	Prærieulv
Dauphin	Delfin
Éléphant	Elefant
Girafe	Sjiraff
Gorille	Gorilla
Kangourou	Kenguru
Lapin	Kanin
Lion	Løve
Loup	Ulv
Mouton	Sau
Ours	Bjørn
Renard	Rev
Singe	Ape
Taureau	Okse
Tigre	Tiger
Zèbre	Sebra

Mathématiques
Matematikk

Angles	Vinkler
Arithmétique	Aritmetikk
Carré	Torget
Circonférence	Omkrets
Décimal	Desimal
Diamètre	Diameter
Division	Divisjon
Exposant	Eksponent
Équation	Ligning
Fraction	Brøkdel
Géométrie	Geometri
Parallèle	Parallell
Polygone	Polygon
Rayon	Radius
Rectangle	Rektangel
Somme	Sum
Sphère	Sfære
Symétrie	Symmetri
Triangle	Trekant
Volume	Volum

Mesures
Målinger

Centimètre	Centimeter
Degré	Grad
Décimal	Desimal
Gramme	Gram
Hauteur	Høyde
Kilogramme	Kilo
Kilomètre	Kilometer
Largeur	Bredde
Litre	Liter
Longueur	Lengde
Masse	Masse
Mètre	Meter
Minute	Minutt
Octet	Byte
Once	Unse
Poids	Vekt
Pouce	Tomme
Profondeur	Dybde
Tonne	Tonn
Volume	Volum

Méditation
Meditasjon

Acceptation	Aksept
Attention	Oppmerksomhet
Calme	Rolig
Clarté	Klarhet
Compassion	Medfølelse
Émotions	Følelser
Éveillé	Våken
Gentillesse	Vennlighet
Gratitude	Takknemlighet
Habitudes	Vaner
Mental	Mental
Mouvement	Bevegelse
Musique	Musikk
Nature	Natur
Observation	Observasjon
Paix	Fred
Perspective	Perspektiv
Posture	Holdning
Respiration	Puste
Silence	Stillhet

Mode
Mote

Abordable	Rimelig
Boutique	Boutique
Boutons	Knapper
Broderie	Broderi
Cher	Dyrt
Dentelle	Blonder
Élégant	Elegant
Minimaliste	Minimalistisk
Moderne	Moderne
Modeste	Beskjeden
Modèle	Mønster
Original	Original
Pratique	Praktisk
Simple	Enkel
Sophistiqué	Sofistikert
Style	Stil
Tendance	Trend
Texture	Tekstur
Tissu	Stoff
Vêtements	Klær

Musique
Musikk

Album	Album
Ballade	Ballade
Chanter	Synge
Chanteur	Sanger
Classique	Klassisk
Enregistrement	Innspilling
Harmonie	Harmoni
Harmonique	Harmonisk
Instrument	Instrument
Lyrique	Lyrisk
Mélodie	Melodi
Microphone	Mikrofon
Musical	Musikalsk
Musicien	Musiker
Opéra	Opera
Poétique	Poetisk
Rythme	Rytme
Rythmique	Rytmisk
Tempo	Tempo
Vocal	Vokal

Mythologie
Mytologi

Archétype	Arketype
Catastrophe	Katastrofe
Comportement	Oppførsel
Création	Skapelse
Créature	Skapning
Croyances	Tro
Culture	Kultur
Éclair	Lyn
Force	Styrke
Guerrier	Kriger
Héros	Helt
Immortalité	Udødelighet
Jalousie	Sjalusi
Labyrinthe	Labyrint
Légende	Legende
Magique	Magisk
Monstre	Monster
Mortel	Dødelig
Tonnerre	Torden
Vengeance	Hevn

Nature
Naturen

Abeilles	Bier
Abri	Ly
Animaux	Dyr
Arctique	Arktisk
Beauté	Skjønnhet
Brouillard	Tåke
Désert	Ørken
Dynamique	Dynamisk
Érosion	Erosjon
Feuillage	Løvverk
Fleuve	Elv
Forêt	Skog
Glacier	Isbre
Nuage	Skyer
Paisible	Fredelig
Sanctuaire	Helligdom
Sauvage	Vill
Serein	Rolig
Tropical	Tropisk
Vital	Viktig

Nombres
Antall

Cinq	Fem
Deux	To
Décimal	Desimal
Dix	Ti
Dix-Huit	Atten
Dix-Neuf	Nitten
Dix-Sept	Sytten
Douze	Tolv
Huit	Åtte
Neuf	Ni
Quatorze	Fjorten
Quatre	Fire
Quinze	Femten
Seize	Seksten
Sept	Syv
Six	Seks
Treize	Tretten
Trois	Tre
Vingt	Tjue
Zéro	Null

Nourriture #1
Mat #1

Ail	Hvitløk
Basilic	Basilikum
Café	Kaffe
Cannelle	Kanel
Carotte	Gulrot
Citron	Sitron
Épinard	Spinat
Fraise	Jordbær
Jus	Juice
Lait	Melk
Navet	Nepe
Oignon	Løk
Orge	Bygg
Poire	Pære
Salade	Salat
Sel	Salt
Soupe	Suppe
Sucre	Sukker
Thon	Tunfisk
Viande	Kjøtt

Nourriture #2
Mat #2

Amande	Mandel
Aubergine	Aubergine
Banane	Banan
Blé	Hvete
Brocoli	Brokkoli
Cerise	Kirsebær
Céleri	Selleri
Champignon	Sopp
Chocolat	Sjokolade
Jambon	Skinke
Kiwi	Kiwi
Mangue	Mango
Oeuf	Egg
Pain	Brød
Poisson	Fisk
Pomme	Eple
Poulet	Kylling
Raisin	Drue
Riz	Ris
Tomate	Tomat

Nutrition
Ernæring

Amer	Bitter
Appétit	Appetitt
Calories	Kalorier
Comestible	Spiselig
Diète	Diett
Digestion	Fordøyelse
Épices	Krydder
Équilibré	Balansert
Fermentation	Gjæring
Glucides	Karbohydrater
Liquides	Væsker
Poids	Vekt
Protéines	Proteiner
Qualité	Kvalitet
Sain	Sunn
Santé	Helse
Sauce	Saus
Saveur	Smak
Toxine	Gift
Vitamine	Vitamin

Océan
Havet

Algue	Tang
Anguille	Ål
Baleine	Hval
Bateau	Båt
Corail	Korall
Crabe	Krabbe
Crevette	Reke
Dauphin	Delfin
Éponge	Svamp
Huître	Østers
Méduse	Manet
Poisson	Fisk
Poulpe	Blekksprut
Requin	Hai
Récif	Rev
Sel	Salt
Tempête	Storm
Thon	Tunfisk
Tortue	Skilpadde
Vagues	Bølger

Oiseaux
Fugler

Aigle	Ørn
Autruche	Struts
Canard	And
Cigogne	Stork
Colombe	Due
Corbeau	Ravn
Coucou	Gjøk
Cygne	Svanen
Flamant	Flamingo
Héron	Hegre
Manchot	Pingvin
Moineau	Spurv
Mouette	Måke
Oeuf	Egg
Oie	Gås
Paon	Påfugl
Perroquet	Papegøye
Pélican	Pelikan
Poulet	Kylling
Toucan	Toucan

Pays #1
Land #1

Afghanistan	Afghanistan
Allemagne	Tyskland
Argentine	Argentina
Brésil	Brasil
Canada	Canada
Espagne	Spania
Équateur	Ecuador
Finlande	Finland
Inde	India
Israël	Israel
Libye	Libya
Mali	Mali
Maroc	Marokko
Nicaragua	Nicaragua
Norvège	Norge
Panama	Panama
Philippines	Filippinene
Pologne	Polen
Roumanie	Romania
Venezuela	Venezuela

Pays #2
Land #2

Albanie	Albania
Chine	Kina
Danemark	Danmark
France	Frankrike
Haïti	Haiti
Indonésie	Indonesia
Irlande	Irland
Jamaïque	Jamaica
Japon	Japan
Kenya	Kenya
Laos	Laos
Liban	Libanon
Mexique	Mexico
Ouganda	Uganda
Pakistan	Pakistan
Russie	Russland
Somalie	Somalia
Soudan	Sudan
Syrie	Syria
Ukraine	Ukraina

Paysages
Landskap

Cascade	Foss
Colline	Ås
Désert	Ørken
Estuaire	Elvemunningen
Fleuve	Elv
Geyser	Geysir
Glacier	Isbre
Grotte	Hule
Iceberg	Isfjell
Île	Øy
Lac	Innsjø
Marais	Sump
Mer	Hav
Montagne	Fjell
Oasis	Oase
Péninsule	Halvøy
Plage	Strand
Toundra	Tundra
Vallée	Dal
Volcan	Vulkan

Philanthropie
Filantropi

Besoin	Trenge
Buts	Mål
Charité	Veldedighet
Communauté	Samfunnet
Contacts	Kontakter
Défis	Utfordringer
Enfants	Barn
Finance	Finans
Fonds	Midler
Gens	Folk
Générosité	Gavmildhet
Global	Global
Groupes	Grupper
Histoire	Historie
Honnêteté	Ærlighet
Humanité	Menneskehet
Jeunesse	Ungdom
Mission	Misjon
Programmes	Programmer
Public	Offentlig

Physique
Fysikk

Accélération	Akselerasjon
Atome	Atom
Chaos	Kaos
Chimique	Kjemisk
Densité	Tetthet
Expansion	Utvidelse
Électron	Elektron
Formule	Formel
Fréquence	Frekvens
Gaz	Gass
Gravité	Tyngdekraft
Magnétisme	Magnetisme
Masse	Masse
Mécanique	Mekanikk
Molécule	Molekyl
Moteur	Motor
Nucléaire	Nukleær
Particule	Partikkel
Universel	Universell
Vitesse	Hastighet

Plantes
Planter

Arbre	Tre
Baie	Bær
Bambou	Bambus
Botanique	Botanikk
Buisson	Busk
Cactus	Kaktus
Engrais	Gjødsel
Feuillage	Løvverk
Fleur	Blomst
Flore	Flora
Forêt	Skog
Grandir	Vokse
Haricot	Bønne
Herbe	Gress
Jardin	Hage
Lierre	Eføy
Mousse	Mose
Pétale	Kronblad
Racine	Rot
Végétation	Vegetasjon

Professions #1
Yrker # 1

Ambassadeur	Ambassadør
Astronome	Astronom
Avocat	Advokat
Banquier	Bankier
Bijoutier	Gullsmed
Cartographe	Kartograf
Chasseur	Jeger
Danseur	Danser
Entraîneur	Trener
Éditeur	Redaktør
Géologue	Geolog
Infirmière	Sykepleier
Médecin	Lege
Musicien	Musiker
Pianiste	Pianist
Plombier	Rørlegger
Pompier	Brannmann
Psychologue	Psykolog
Scientifique	Forsker
Vétérinaire	Veterinær

Professions #2
Yrker # 2

Astronaute	Astronaut
Bibliothécaire	Bibliotekar
Biologiste	Biolog
Chercheur	Forsker
Chirurgien	Kirurg
Dentiste	Tannlege
Détective	Detektiv
Enseignant	Lærer
Illustrateur	Illustratør
Ingénieur	Ingeniør
Inventeur	Oppfinner
Jardinier	Gartner
Journaliste	Journalist
Linguiste	Lingvist
Médecin	Lege
Peintre	Maler
Philosophe	Filosof
Photographe	Fotograf
Pilote	Pilot
Zoologiste	Zoolog

Psychologie
Psykologi

Clinique	Klinisk
Comportement	Oppførsel
Conflit	Konflikt
Ego	Ego
Enfance	Barndom
Expériences	Erfaringer
Émotions	Følelser
Évaluation	Vurdering
Idées	Ideer
Inconscient	Bevisstløs
Influences	Påvirkninger
Pensées	Tanker
Perception	Oppfatning
Personnalité	Personlighet
Problème	Problem
Rendez-Vous	Avtale
Réalité	Virkelighet
Rêves	Drømmer
Sensation	Følelse
Thérapie	Terapi

Randonnée
Vandring

Animaux	Dyr
Bottes	Støvler
Camping	Camping
Carte	Kart
Climat	Klima
Dangers	Farer
Eau	Vann
Falaise	Klippe
Fatigué	Trøtt
Lourd	Tung
Météo	Vær
Montagne	Fjell
Nature	Natur
Orientation	Orientering
Parcs	Parker
Pierres	Steiner
Préparation	Forberedelse
Sauvage	Vill
Soleil	Sol
Sommet	Toppmøte

Restaurant #2
Restaurant # 2

Boisson	Drikk
Chaise	Stol
Cuillère	Skje
Déjeuner	Lunsj
Délicieux	Deilig
Dîner	Middag
Eau	Vann
Épices	Krydder
Fourchette	Gaffel
Fruit	Frukt
Gâteau	Kake
Glace	Is
Légumes	Grønnsaker
Nouilles	Nudler
Oeuf	Egg
Poisson	Fisk
Salade	Salat
Sel	Salt
Serveur	Kelner
Soupe	Suppe

Réchauffement Climatique
Global Oppvarming

Arctique	Arktisk
Attention	Oppmerksomhet
Changements	Endringer
Climat	Klima
Crise	Krise
Développement	Utvikling
Données	Data
Environnemental	Miljø
Énergie	Energi
Futur	Fremtid
Gaz	Gass
Générations	Generasjoner
Gouvernement	Regjering
Habitats	Habitater
Industrie	Industri
International	Internasjonal
Législation	Lovgivning
Maintenant	Nå
Scientifique	Forsker
Températures	Temperaturer

Santé et Bien-Être #1
Helse og Velvære #1

Actif	Aktiv
Bactéries	Bakterie
Blessure	Skade
Clinique	Klinikk
Faim	Sult
Fracture	Brudd
Habitude	Vane
Hauteur	Høyde
Hormone	Hormoner
Médecin	Lege
Médicament	Medisin
Muscles	Muskler
Os	Bein
Peau	Hud
Pharmacie	Apotek
Posture	Holdning
Réflexe	Refleks
Thérapie	Terapi
Traitement	Behandling
Virus	Virus

Santé et Bien-Être #2
Helse og Velvære #2

Allergie	Allergi
Anatomie	Anatomi
Appétit	Appetitt
Calorie	Kalori
Corps	Kropp
Déshydratation	Dehydrering
Diète	Diett
Énergie	Energi
Génétique	Genetikk
Hôpital	Sykehus
Hygiène	Hygiene
Infection	Infeksjon
Maladie	Sykdom
Massage	Massasje
Nutrition	Ernæring
Poids	Vekt
Sain	Sunn
Sang	Blod
Stress	Stress
Vitamine	Vitamin

Science
Vitenskap

Atome	Atom
Chimique	Kjemisk
Climat	Klima
Données	Data
Expérience	Eksperiment
Évolution	Evolusjon
Fait	Faktum
Fossile	Fossilt
Gravité	Tyngdekraft
Hypothèse	Hypotese
Laboratoire	Laboratorium
Méthode	Metode
Minéraux	Mineraler
Molécules	Molekyler
Nature	Natur
Observation	Observasjon
Organisme	Organisme
Particules	Partikler
Physique	Fysikk
Scientifique	Forsker

Science-Fiction
Science Fiction

Atomique	Atom
Cinéma	Kino
Explosion	Eksplosjon
Extrême	Ekstrem
Fantastique	Fantastisk
Feu	Brann
Futuriste	Futuristisk
Galaxie	Galaxy
Illusion	Illusjon
Imaginaire	Innbilt
Livres	Bøker
Monde	Verden
Mystérieux	Mystisk
Oracle	Orakel
Planète	Planet
Réaliste	Realistisk
Robots	Roboter
Scénario	Scenario
Technologie	Teknologi
Utopie	Utopi

Technologie
Teknologi

Affichage	Vise
Blog	Blogg
Caméra	Kamera
Curseur	Markør
Données	Data
Écran	Skjerm
Fichier	Fil
Internet	Internett
Logiciel	Programvare
Message	Melding
Navigateur	Nettleser
Numérique	Digitalt
Octets	Byte
Ordinateur	Datamaskin
Police	Skrift
Recherche	Forskning
Sécurité	Sikkerhet
Statistiques	Statistikk
Virtuel	Virtuell
Virus	Virus

Temps
Tid

Année	År
Annuel	Årlig
Après	Etter
Avant	Før
Bientôt	Snart
Calendrier	Kalender
Décennie	Tiår
Futur	Fremtid
Heure	Time
Hier	I Går
Horloge	Klokke
Jour	Dag
Maintenant	Nå
Matin	Morgen
Midi	Middagstid
Minute	Minutt
Mois	Måned
Nuit	Natt
Semaine	Uke
Siècle	Århundre

Types de Cheveux
Hårtyper

Argent	Sølv
Blanc	Hvit
Blond	Blond
Boucles	Krøller
Brillant	Skinnende
Chauve	Skallet
Coloré	Farget
Court	Kort
Doux	Myk
Épais	Tykk
Frisé	Krøllet
Gris	Grå
Long	Lang
Marron	Brun
Mince	Tynn
Noir	Svart
Ondulé	Bølgete
Sain	Sunn
Sec	Tørr
Tressé	Flettet

Univers
Universet

Astéroïde	Asteroide
Astronome	Astronom
Astronomie	Astronomi
Atmosphère	Atmosfære
Ciel	Himmel
Cosmique	Kosmisk
Équateur	Ekvator
Galaxie	Galaxy
Hémisphère	Halvkule
Horizon	Horisont
Latitude	Breddegrad
Longitude	Lengdegrad
Lune	Måne
Obscurité	Mørke
Orbite	Bane
Solaire	Solar
Solstice	Solverv
Télescope	Teleskop
Visible	Synlig
Zodiaque	Dyrekretsen

Vacances #2
Ferie # 2

Aéroport	Flyplassen
Camping	Camping
Carte	Kart
Destination	Destinasjon
Étranger	Utlending
Hôtel	Hotell
Île	Øy
Loisir	Fritid
Mer	Hav
Passeport	Pass
Plage	Strand
Restaurant	Restaurant
Réservations	Reservasjoner
Taxi	Taxi
Tente	Telt
Train	Tog
Transport	Transport
Vacances	Ferie
Visa	Visum
Voyage	Reise

Véhicules
Kjøretøy

Ambulance	Ambulanse
Avion	Fly
Bateau	Båt
Bus	Buss
Camion	Lastebil
Caravane	Campingvogn
Ferry	Ferje
Fusée	Rakett
Hélicoptère	Helikopter
Métro	T
Moteur	Motor
Pneus	Dekk
Radeau	Flåte
Scooter	Scooter
Sous-Marin	Undervannsbåt
Taxi	Taxi
Tracteur	Traktor
Train	Tog
Vélo	Sykkel
Voiture	Bil

Vêtements
Klær

Bracelet	Armbånd
Ceinture	Belte
Chapeau	Hatt
Chaussure	Sko
Chemise	Skjorte
Chemisier	Bluse
Collier	Halskjede
Foulard	Skjerf
Gants	Hansker
Jeans	Jeans
Jupe	Skjørt
Manteau	Frakk
Mode	Mote
Pantalon	Bukse
Pull	Genser
Pyjama	Pyjamas
Robe	Kjole
Sandales	Sandaler
Tablier	Forkle
Veste	Jakke

Ville
Byen

Aéroport	Flyplassen
Banque	Bank
Bibliothèque	Bibliotek
Boulangerie	Bakeri
Cinéma	Kino
Clinique	Klinikk
École	Skole
Galerie	Galleri
Hôtel	Hotell
Librairie	Bokhandel
Marché	Marked
Musée	Museum
Pharmacie	Apotek
Restaurant	Restaurant
Salon	Salong
Stade	Stadion
Supermarché	Supermarked
Théâtre	Teater
Université	Universitet
Zoo	Dyrehage

Félicitations

Vous avez réussi !

Nous espérons que vous avez apprécié ce livre autant que nous avons pris plaisir à le concevoir. Nous faisons de notre mieux pour créer des livres de la meilleure qualité possible.
Cette édition est conçue pour permettre un apprentissage intelligent et de qualité en se divertissant !

Vous avez aimé ce livre ?

Une Simple Demande

Nos livres existent grâce aux avis que vous publiez. Pourriez-vous nous aider en laissant un avis maintenant ?

Voici un lien rapide qui vous mènera à votre page d'évaluation de vos commandes :

BestBooksActivity.com/Avis50

CHALLENGE FINAL !

Défi n°1

Êtes-vous prêt pour votre jeu bonus ? Nous les utilisons tout le temps mais ils ne sont pas si faciles à trouver. Voici les **Synonymes** !

Notez 5 mots que vous avez trouvés dans les puzzles notés ci-dessous (n°21, n°36, n°76) et essayez de trouver 2 synonymes pour chaque mot.

Notez 5 Mots du ***Puzzle 21***

Mots	Synonyme 1	Synonyme 2

Notez 5 Mots du ***Puzzle 36***

Mots	Synonyme 1	Synonyme 2

Notez 5 Mots du ***Puzzle 76***

Mots	Synonyme 1	Synonyme 2

Défi n°2

Maintenant que vous vous êtes échauffé, notez 5 mots que vous avez découverts dans les Puzzles n° 9, n° 17, n° 25 et essayez de trouver 2 antonymes pour chaque mot. Combien pouvez-vous en trouver en 20 minutes ?

Notez 5 Mots du ***Puzzle 9***

Mots	Antonyme 1	Antonyme 2

Notez 5 Mots du ***Puzzle 17***

Mots	Antonyme 1	Antonyme 2

Notez 5 Mots du ***Puzzle 25***

Mots	Antonyme 1	Antonyme 2

Défi n°3

Formidable ! Ce défi final  n'est rien pour vous.

Prêt pour le dernier défi ? Choisissez 10 mots que vous avez découverts parmi les différents puzzles et notez-les ci-dessous.

1.	6.
2.	7.
3.	8.
4.	9.
5.	10.

Maintenant, composez un texte en pensant à une personne, un animal ou un lieu que vous aimez !

Astuce: Vous pouvez utiliser la dernière page de ce livre comme brouillon !

Votre Composition :

CARNET DE NOTES :

À TRÈS BIENTÔT !

Toute l'équipe

www.ingramcontent.com/pod-product-compliance
Lightning Source LLC
Chambersburg PA
CBHW082207120626
46553CB00010B/3039
9798896705390